LA VOIE DE L'AMOUREUX

DU MÊME AUTEUR

Dis-moi si je m'approche, Le Souffle d'or, réédition 2003.
L'Un n'empêche pas l'autre, Le Souffle d'or, 2003.

Contribution à :

Amour, sexe et spiritualité, Albin Michel, 2003.
Georges Emmanuel Hourant, *Enquête au cœur de l'humain*, Albin Michel, 2004.
Luc Templier, *52 méditations pour vivre*, Dervy, 2005.
Femmes et judaïsme dans la société contemporaine, sous la direction de Sonia Lypsyc, L'Harmattan, Paris. À paraître en 2006.

AROUNA LIPSCHITZ

LA VOIE DE L'AMOUREUX

Savoir aimer plutôt que rêver d'amour

ROBERT LAFFONT

Pour tout renseignement : www.V2lam.com

Pour contacter l'auteur : contact@arouna. com

ISBN 2-221-10289-4

à mon amoureux

à mon équipe d'amoureux,
Mari et Elyane tout particulièrement,
et une pensée spéciale pour la jeune génération

à tous les amoureux,
courageux aventuriers des temps modernes

Rien.
Rien à l'infini. Absolument rien.
Dix-neuf interminables jours plongés dans un rien étale, neutre, impersonnel, une absence à moi-même frôlant la déprime. Dix-neuf jours durant lesquels les heures ont défilé au rythme pesant du strict nécessaire qui confine l'esprit dans la banalité.
Et puis, ce matin, un rêve. Enfin !
Son et images ont agité le rien. Hamavdil ben kodesh leḥol : ce qui différencie le sacré de l'ordinaire. Quatre mots d'une prière hébraïque... un homme qui les psalmodie... un enfant... Par la voix de mon inconscient, l'Invisible renoue le dialogue. Le courant frémissant du sens me tire du vide dans lequel je m'imaginais engluée à jamais.

Aujourd'hui, 11 juillet 2001, j'aborde la rive du jour le cœur presque léger.

Une fois de plus j'ai failli prendre le rien pour le néant, oublier le *conte des empreintes* [1], la petite histoire des pas sur la plage.
Un homme arrive au paradis.
Saint Pierre l'accueille et lui propose de revoir le dérou-

1. Les citations en italique renvoient à « Ma reconnaissance », en fin d'ouvrage.

lement de son existence. Récapitulation oblige : passer en revue les moments importants de sa vie permet de mieux préparer son avenir.
Sur l'écran, côte à côte, deux traces de pas se mettent en mouvement : les tiens et ceux de Dieu, commente saint Pierre. L'homme sourit. L'expression « ne pas lâcher quelqu'un d'une semelle » viendrait-elle de là ? Son sourire s'évanouit dès que les premiers temps d'orage et de malheur de son existence repassent devant ses yeux. Toujours prête à prendre le relais de la tristesse, sa colère monte lorsqu'il constate que, dans ces périodes douloureuses, il n'y a plus qu'une seule trace de pas sur le sable.
— Évidemment, c'est là que Dieu nous lâche, maugrée-t-il.
— Tu n'as encore rien compris, répond saint Pierre. Dans ces moments-là, il te portait dans ses bras.

Hier, j'ai rejoint ma mère sur la côte belge dans un appartement de vacances.

Malgré la sinusite tenace qui, depuis plus d'une semaine, me plongeait dans un brouillard diffus, j'ai accepté d'y passer deux jours avec elle. Nous attendons la venue de Stéphy, ma sœur cadette, de Talia, ma nièce, et de son bébé. Leurs maris nous rejoindront plus tard.

En guise d'excuse à l'absence de célébrations dans notre famille, nous nous étions souvent promis de fêter pour le moins les quatre-vingts ans de ma mère. Quatre-vingts ans... Le chiffre alarmant désignait l'horizon de l'éternité, la fatale menace du temps qui explique pour une grande part la réticence de mes proches à marquer les anniversaires. Chacun avait forcé ses résistances pour permettre l'événement. Depuis mon retour du Canada, quatre ans plus tôt, une sourde hostilité nous avait éloignés les uns des autres. À l'exception des retrouvailles du nouvel an, lourdes de la perspective de Yom Kippour* [1], nous évitions diplomatiquement les occasions de rencontre.

Pour ce 14 juillet, jour anniversaire de notre mère, personne ne tenait à porter l'opprobre d'avoir manqué à l'appel. Elle semblait avoir intégré la phase indienne de mon itinéraire, compris que ma robe orange ne m'avait pas convertie à

1. Les mots suivis d'un astérisque sont regroupés dans le glossaire, en fin d'ouvrage.

l'hindouisme. Si mon engagement sacerdotal m'avait éloignée du dieu patriarcal de ma lignée juive, il ne m'avait pas pour autant coupée de mes racines. S'en coupe-t-on jamais ? Nous ne pouvons pas plus nous affranchir du pays, de la religion que du sexe de notre naissance. Religieux, laïcs ou athées, conformes ou rebelles, nous n'en restons pas moins français ou chinois, oriental ou aryen, femme ou homme, juif, chrétien ou musulman imprégnés des richesses, des manies et des carences de nos ancrages génétiques.

En 1979, après ma thèse de doctorat, fatiguée de tourner en rond dans des contradictions qui réduisaient mon mental à l'impuissance, j'avais embrassé la philosophie du Vedanta*, mis mon intellect en jachère. À force de pratiquer l'arrêt de la pensée et le retrait des sens prônés par les sages d'Orient, de me concentrer sur le vide dans le pur silence de la méditation et de me perdre dans la beauté de la lumière infinie, j'avais basculé dans l'« ailleurs » où s'éprouve le mystère de l'origine. Quelques années plus tard, ma rencontre avec O., un maître occidental, avait relancé mon goût de l'étude.

Ayant retrouvé mon âme dans mes ascèses de yogi, j'avais été plus encline à reprendre l'exercice du raisonnement dans lequel maître O. excellait. Son approche kabbaliste des mystères et des enjeux de la création m'avait fait découvrir une intelligence capable de transcender l'intellect. Elle ouvrait à un plaisir cérébral allégé du rapport de forces qui empoisonne les joutes intellectuelles. La réflexion libérée des tourbillons de la dialectique, ajoutée à mon ressenti, avait mis de la cohérence dans mes ravissements de mystique, éclairé de sens mon rapport au divin, au monde et aux autres. Ainsi, mon passage par la mystique hindoue avait favorisé mon retour à la kabbale*, la source métaphysique de la tradition hébraïque. J'en étais devenue moins éthérée, plus curieuse du monde, moins religieuse, certes, mais plus sage et surtout plus joyeuse. Cela, ma mère n'avait pu que le constater. À son cœur défendant, elle en avait mieux accepté mon détachement envers les pratiques religieuses traditionnelles.

Un tête-à-tête serait l'occasion d'évaluer autant sa tolérance que l'accomplissement de mon projet de vie : ancrer la transcendance dans l'immanence, marcher la tête au vent céleste en gardant les pieds bien sur terre.

En tous les cas, l'air vivifiant de la mer du Nord fera le plus grand bien à mes sinus, m'étais-je dit en acceptant l'invitation.

La veille, dans le train qui s'approchait de la côte belge, j'étais néanmoins inquiète : ma mère, suivie en cela par le reste du clan familial, avait toujours mal supporté de me voir malade. La seule idée de ma fatigue l'agitait. Et moi, je déprimais lorsqu'elle étouffait son inquiétude sous les reproches ou la dénégation. J'appréhendais ses « on se demande de quoi tu peux être aussi fatiguée » ou à l'inverse : « c'est rien, c'est pas grave » suivi du classique « prends une aspirine, demain il n'y paraîtra plus ». Plutôt que de m'énerver en vain, j'avais fini par renoncer à lui rappeler que l'aspirine ne m'était pas recommandée. La mélancolie me servait alors de refuge, en attendant que, ma vitalité revenue, j'oublie la peine de n'avoir pas été accueillie dans ma faiblesse.

Miracle ! À mon arrivée, ma mère prit acte de mon état abattu d'une voix hospitalière : « Cela faisait longtemps que je ne t'avais pas vue si patraque. Cette dernière année, tu avais l'air tellement en forme. »

C'était vrai. Malgré la crise avec Raphaèle, l'amie de toujours, le passage à l'an 2000 avait marqué un tournant radical vers ma joie de vivre. Plutôt seule que mal accompagnée ! N'était-ce pas le meilleur antidote aux partages frustrants ? Je m'en étais convaincue : la distance que je m'étais imposée à l'égard de Raphaèle et de quelques autres amis avait le goût de la fidélité à soi face aux autres. Je n'avais pas perdu le désir d'amitié mais mon besoin de compagnie s'était émoussé. J'en avais fini de militer pour une indépendance illusoire, et les bénéfices fusionnels de la dépendance avaient perdu de leurs charmes. Je découvrais l'autonomie, une liberté non conditionnelle qui me donnait effectivement meilleure mine, sauf en période de sinusite.

— Comme quoi il ne faut jamais se croire arrivé, répondis-je à ma mère mi-figue, mi-raisin. Je n'arrive plus à penser. C'est le stop, l'arrêt. C'est insupportable.

— Tu peux toujours méditer et prier.

C'était elle qui me disait ça ! Je souris. En même temps que remontait à ma mémoire le souvenir du jour où, pour la première fois, elle avait laissé l'idée de spiritualité ébranler ses constructions mentales.

Anvers, un jour d'octobre 1983

Ma mère et moi rendions visite à Déborah, une de ses amies, gravement malade.

Face au visage exsangue de Déborah, une évidence s'imposa à moi : si elle pouvait parler de la mort, cela l'aiderait au grand voyage. Mes paroles jaillirent sans prévenir. Visiblement choquée par mes questions, ma mère regarda, avec une émotion mal contenue, son amie ouvrir soudain son cœur. Après tant d'années de silence, elle raconta la Shoah – trop tard, trop peu –, la vie après... pas une vie ! On survit, on n'oublie jamais. Les images reviennent. On n'arrive pas à leur échapper. Ils nous ont condamnés à perpétuité... D'une voix lasse, Déborah finit par avouer que depuis Auschwitz elle ne croyait plus en Dieu, même si elle faisait tout comme il fallait, portant même la traditionnelle perruque des femmes orthodoxes. Elle le faisait par conformité à sa communauté, pour les enfants. Il n'aurait pas fallu qu'à cause d'elle ils ne puissent pas faire un bon mariage. Elle enviait mes convictions, glissa-t-elle dans un murmure. Pour elle, il n'y avait rien après la mort. À ces mots, son regard ouvert sur l'infini contredit son discours et pour un bref instant son visage se couvrit d'une glorieuse lumière. Je me levai. Mon corps esquissa un geste de rapprochement : invite discrète à laquelle elle répondit sans hésiter. Dans une étreinte silencieuse, elle s'abandonna dans mes bras. Ma mère, surmontant sa pudeur paralysante, prit ma suite.

Déborah mourut quinze jours plus tard, étonnamment tranquille, au dire de ses proches.

Ce soir-là, sur le chemin du retour, le silence qui accompagna nos pas nous unit, mère et fille, dans la même conscience grave de notre humaine mortalité. Nous mesurions l'importance d'être en paix avec ses proches le jour du dernier au revoir. Ce fut elle qui rompit le silence.

— C'est quand même drôle que ce soit toi, qui n'es pas pratiquante, qui parles de Dieu à Déborah.

Elle n'osait pas ajouter : et elle qui n'y croit même pas... S'interrogeait-elle tout d'un coup sur la nature de sa propre foi ? Son silence désemparé me serra le cœur.

— Maman, il est temps que tu cesses de confondre religion et spiritualité. On peut appartenir à une communauté, une synagogue, une église, une mosquée, appliquer les règles et n'avoir jamais éprouvé la présence de Dieu. La foi, pour beaucoup, n'est que croyance de charbonnier. Pour d'autres, une habitude ou une nécessité raisonnables. D'ailleurs, croire en Dieu n'a jamais empêché les dévots, toutes obédiences confondues, de se mépriser entre eux, de s'entre-tuer même. Et je te passe les croisades, les guerres saintes que l'on mène en son nom. La foi est un savoir, pas une croyance. Elle se renforcc à la mesure de notre connaissance des lois universelles qui, contrairement aux dogmes, s'appliquent à tous. Par exemple : si tu plantes des orties tu ne récolteras pas des roses. C'est vérifiable dans le champ de l'agriculture comme dans n'importe quel domaine de la nature humaine. C'est vrai pour un juif, un musulman ou un Zoulou. Ces lois aussi ontologiques que naturelles fondent la philosophie des religions. On parle alors d'ésotérisme parce que trop souvent les autorités religieuses en ont bloqué l'accès. Son contenu reste caché et se transmet de bouche à oreille. C'est pourquoi il est ignoré de la grande majorité des fidèles. Toute la métaphysique occidentale prend sa source dans la kabbale*, c'est pour cela qu'elle m'intéresse tant.

— Mais elle rend les gens fous !

Il ne fallait pas être clairvoyant pour percevoir tout ce que l'idée d'ésotérisme déclenchait en elle : elle m'imaginait conduite au bûcher pour cause de sorcellerie ou pointée du doigt comme secte à moi toute seule. Était-ce l'angoisse de persécution du juif qui paralysait son entendement ou le fait que j'étudiais la kabbale avec un goy, un non-juif ?

— Quel est ton problème ? Que je l'étudie avec maître O. ? Tu connais, toi, un rabbi, un grand sage qui aurait accepté d'étudier avec une *Yentl* moderne ? À la différence de beaucoup de kabbalistes juifs, O. pense, lui, que le temps est venu pour l'ésotérisme de devenir exotérique. La connaissance doit sortir du cercle des initiés, être mise à la portée de tous. D'ailleurs, si je ne me trompe, il n'y a jamais eu de femme kabbaliste. Aussi érudites ou saintes soient-elles, ce n'est pas parce qu'elles ont épousé un rabbi, un tsadik, un grand sage dans la tradition hébraïque, que les femmes juives accèdent à la science spirituelle. Il semble que se marier reste chez nous la seule manière de s'en approcher. Au Canada, quand j'ai travaillé avec Yossi, le ḥassid loubavitch*, il n'a pu contenir longtemps son ambition de me ramener au bercail religieux par le mariage. C'est l'amalgame entre un mysticisme exalté et une pratique religieuse dogmatique qui rend les gens fous, hystériques pour le moins. Les hommes surtout. Tu vois, la mystique hindoue est plus féminine. Tu ne trouves pas que ma robe orange m'a adoucie ? Douceur et humilité : ce sont peut-être là les signes d'une bonne santé spirituelle.

Elle ne répondit rien. Mais je sentais bien que pour elle un non-juif ne pouvait être kabbaliste et qu'une femme ne devait pas méditer. Au moins nous parlions, et le bras qu'elle passa sous le mien en dit long, ce soir-là, sur l'amour qui nous rapprochait malgré nos différences.

— Ce qui est sûr, c'est que si on ne veut pas devenir un fou ou une folle de Dieu on a toujours intérêt à équilibrer le sens du sacré avec un sacré bon sens, ajoutai-je, conciliante. Pour éviter la folie, l'approche mystique ne doit pas viser les pouvoirs occultes et la connaissance doit se vivre comme toujours inachevée. Voilà les conditions d'une spiritualité non aliénante. Ça n'implique pas forcément la pratique religieuse. En même temps, ce n'est pas parce que tu n'es pas pratiquant que tu n'appartiens pas à ta lignée de naissance. Moi, j'ai dû passer par l'Inde pour retrouver mon âme. Je n'en suis pas moins juive pour autant. Et, pour ce qui est de Dieu, je suis sûre que dans ta synagogue il y a beaucoup de Déborah. Ne t'inquiète pas pour moi, maman, ajoutai-je en conclusion, serrant son bras plus fort.

Entre les mots et les silences nous avions enfin réussi à faire de la place à l'autre. Dans cet écart, la proximité venait naturellement. Le contact qui nous tint rapprochées jusqu'à la maison avait le goût délicieux de l'amour libéré de toute arrière-pensée.

Combien de fois avais-je entendu le swami V., mon maître indien, dire et répéter que les philosophies transcendantales de fuite ou de révolte contre sa propre tradition ou sa famille n'avaient rien de spirituel ?

Ma mère et moi étions passées de l'état de conflit chronique qui nous tenait passionnément attachées l'une à l'autre à une proximité par le dialogue. Du lieu de lumière d'où il me suivait maintenant, le swami devait être bien content de constater que j'honorais son message de paix familiale.

Ce soir d'adieu à Déborah, je gagnai la chambre que ma mère avait toujours prête pour moi dans son appartement anversois, avec le doux sentiment de récolter les premiers fruits de mes efforts en matière d'amour filial.

Je m'endormis, bénissant le moment où, quelques mois auparavant, après un sérieux combat contre les ruades de mon ego, j'avais embrassé sans réserve le concept kabbaliste de tikkoun, la réparation des « vases brisés » : tout ce qui en nous s'est morcelé sous la pression de nos résistances à la lumière, de nos dénégations et refus de nous remettre en question.

Il m'avait fallu admettre que nous choisissons nos parents dans le but d'accomplir en nous un inaccompli dont ils sont le miroir. Je m'étais dit alors que je ferais mieux de m'interroger sur mon agressivité et ma dureté au lieu de me battre contre l'apparente indifférence de ma mère ou de me plaindre de sa bonté encombrante.

Une fois ma décision prise de réparer mon agressivité filiale, pas une de mes plaintes, de mes colères qui ne m'ait désigné mes blessures de penseuse, d'auteure, d'écrivaine – des termes si traditionnellement masculins dans la langue française que les féminiser donne le sentiment d'une faute de goût. Il faut rajouter femme à artiste, et pasteure ou rabbine frisent le ridicule. Et que dire du mot maître appliqué à une femme ?

Ma réactivité face à la misogynie ordinaire véhiculée par le langage, que ma mère, mes grands-mères et autres femmes de ma patriarcale lignée juive avaient probablement subie sans mot dire, indiquait la profondeur de la méfiance qui m'empêchait d'accéder à une féminité confiante.

Depuis, pas une rencontre avec ma mère qui ne fût l'occasion d'ébranler mon assurance. Être reconnue dans mes choix, chercher son assentiment afin de mieux confirmer une valeur de moi incertaine, m'assurer à tout prix de la puissance de mes raisonnements... je languissais des commentaires maternels autant que je les haïssais. Mon organisme, comme un terrain miné, explosait à chaque fois qu'elle touchait un point sensible. Mes colères épidermiques la laissaient de glace. Elle puisait dans l'indifférence diplomatique qui lui avait toujours servi de refuge une arme redoutable : le dédain silencieux des saintes à toute épreuve.

J'avais beau avoir transformé mes premiers cours de yoga en une véritable école, avoir été une des premières professeur(e)s à préparer les femmes enceintes à l'accouchement. J'avais beau avoir réussi ma thèse de doctorat avec les félicitations d'un jury prestigieux. J'avais beau mener de main de maître de nombreux élèves vers plus de compréhension métaphysique et de sagesse au quotidien.

Pour ma mère je ne travaillais pas vraiment. J'étais sans profession... comme elle.

Lorsque je compris que mon besoin d'être reconnue comme une personne intelligente, efficace, ayant une pensée propre et originale, une autorité dans son domaine, dépendait d'un seul élan d'admiration, celui de ma mère, j'eus le choix entre la dénégation, le campement entêté sur mes positions ou l'engagement volontaire dans mon tikkoun, ma réparation : parvenir à assumer mes positions sans les défendre comme des vérités absolues, ne plus justifier mes réactions émotionnelles par une théorie philosophique. Cesser, en bref, de renforcer mon masculin de compensation.

Quand nous cessons de vouloir convaincre tout un chacun de la pertinence de nos choix, c'est que nous y croyons enfin nous-mêmes. Pas évident car, comme la plupart des mères, la mienne était la mieux placée pour mettre au jour mes doutes sur mes talents, remettre en question des valeurs qui n'étaient pas les siennes. Il lui suffisait de se taire, ou presque. Une attitude dans laquelle elle excellait.

Toute petite déjà, je percevais la vexation de mon père lorsque la neutralité affichée de son épouse le poussait à défendre son droit à exprimer sa forte sensibilité.

— Tu ne veux tout de même pas que je raccourcisse les chants de prière parce que ce am haaretz, ce paysan de Richter veut manger son gefilte fish – la carpe farcie – plus tôt ?

— Tu n'es pas obligé de traîner sur toutes les notes.

— C'est ça. Je vais trahir la mélodie du rabbi de Lodz, qui l'a lui-même apprise du grand tsadik, le sage de Berditchev...

Le sang bleu de sa lignée de baal tefila, les rabbis à la voix inspirée et au cœur pur choisis par leur communauté comme porte-voix auprès de Dieu lors des fêtes saintes, bouillait.

— On n'est plus en Pologne, déclarait ma mère.

Face à cette provocation aussi placide que flagrante, la fausse assurance paternelle ramenée à la surface par Richter, ce poisson froid qu'elle avait le culot de soutenir, le submergeait. Il explosait.

— Chut... tu vas réveiller les enfants, poursuivait-elle sur un ton acide autant que vertueux.

Je me vidais de mon sang lorsque du fond de mon lit, au travers des murs de ma chambre, je percevais la honte du père dans le silence qui suivait. Sa colère tombait aussitôt mais sa capitulation me donnait envie de le libérer de son besoin d'être reconnu, complimenté. Pour échapper à la victoire de ma mère, il poussait la porte de notre chambre et rituellement se penchait sur le lit de Stéphy, puis le mien, remontait un drap, tapotait un édredon.

— Les enfants dorment, déclarait-il en souriant, un tant soit peu vengé, tandis que je respirais bien régulièrement, de peur qu'il n'en ait le moindre doute.

Un colérique, ton père. Comme toi. C'était sa seule faiblesse, m'a-t-elle souvent répété après sa mort. Pas comme ta sœur.

Effectivement, Stéphy taisait sans effort ses frustrations existentielles : elle les niait tout simplement. Elle contournait avec diplomatie les complaintes de ses proches pour mieux ignorer la charge insupportable de sa solitude ontologique. Moi, je préférais traverser les remous des émotions pour tout voir et tout savoir sur la nature humaine.

Au cours de mon rapprochement avec ma mère, j'avais constaté combien le réflexe de considérer mes réactions filiales, et ma réactivité en général, comme de l'inaccompli à accomplir me permettait de supporter plus de vérités me concernant, aussi désagréables fussent-elles. Mon corps résistait moins à la lumière du sens. Devenue responsable et non coupable de tout ce qui m'arrivait, j'amorçais une pacification sans retour de mes rapports avec ma mère et, par voie de conséquence, avec les autres.

Ainsi, à notre corps défendant, en dépit des apparences, et en général à leur insu, nos parents sont nos meilleurs alliés d'évolution.

À mon arrivée en Belgique, dix-huit ans après nos adieux à Déborah c'était ma mère qui me suggérait de méditer !

— Tu te sentiras mieux en te reliant à ta neshamah, ton âme.

— Eh bien, crois-le ou non, je n'en ai pas la moindre envie, lui répondis-je sur un ton accablé.

— Aie confiance en Dieu.

— Plus facile d'y croire que de lui faire confiance !

À quatre-vingts ans, elle devenait enfin une interlocutrice au sein d'une tribu dans laquelle on ne parlait pas beaucoup de ses états d'âme. Grâce à notre récente intimité, je n'allais plus sombrer dans l'habituelle mer de fausse indifférence propre à nos réunions familiales. La fête s'annonçait bien.

L'indulgence de ma mère transforma sur-le-champ mon apathie en « acceptance », un lâcher prise volontaire. Une fois consenti, le stop concrétisé par mon nez bouché et ma tête embrasée depuis le solstice d'été perdit de son pouvoir. Le tourbillon mortifère dans lequel j'avais été entraînée pendant dix-neuf jours s'arrêta net.

— C'est sûrement que quelque chose de nouveau doit en sortir. Sois patiente, ajouta-t-elle d'une voix maternelle magiquement consolatrice. C'est comme dans un virage, avant de l'avoir pris, on ne connaît pas la suite de la route.

Et c'était encore elle qui, avec ses mots simples, me rappela que dans la quête de sens il n'y a pas de crises, seulement des passages initiatiques. Un soupir d'aise détendit mon organisme. Du coup, j'eus envie de partager avec elle les quelques images oniriques qui me restaient de la nuit précédant mon départ pour la Belgique.

— J'étais dans un ascenseur et je voyais une pièce de cinq centimes à mes pieds. C'est le début de la fortune, me suis-je dit, me baissant pour la ramasser. Derrière, surprise, il y avait d'autres pièces, des lingots d'or, des bijoux : un trésor.

— C'est bon signe. Tu verras, demain, cela ira mieux. Si c'est moi qui te le dis, ce sera comme ça.

Moi, ta mère... Et je n'eus qu'une envie, la croire comme lorsque j'étais petite, au lieu d'aiguiser ma verve contre le fantasme de toute-puissance de la plupart des mères.

— Couche-toi tôt. Je vais te faire « mon » thé. D'accord ?

Sans attendre de réponse, elle disparut dans la cuisine. Elle savait bien que je ne buvais que du thé bio et sans sucre, mais j'étais trop émue de sa réaction affectueuse pour lui refuser le plaisir de boire « son » thé sucré, délicieux au demeurant.

Bien au chaud sous ma couette, je me sentais déjà mieux quand elle revint avec son élixir magique. Que se passait-il ?

Bonne, ma mère l'a toujours été. Mais là, le parfum qui s'échappait de la tasse qu'elle m'apportait était nouveau. Je fermai les yeux pour mieux en saisir la teneur. D'habitude, en bonne survivante qu'elle est, elle m'exhortait à l'action avec véhémence. Se prendre en main. Se secouer à tout prix... Comme si... La vision me tomba dessus d'un coup : ma mère s'interdisant de compatir à mes malaises pensait, sans avoir jamais pu se l'avouer, au sort de ceux et celles qui, dans les camps de concentration, n'avaient pas réussi, un matin, à se donner suffisamment bonne mine.

« Arbeit macht frei », « le travail libère », il repoussait en tout cas l'échéance des chambres à gaz. Ma mère avait dû souvent se dire que si une sœur, un frère, une cousine, un oncle avaient été plus forts, ils seraient peut-être encore là. Ses peurs semblaient avoir perdu un peu de mémoire. La faiblesse n'était plus mortelle à ses yeux. Elle avait gagné le courage de la vulnérabilité, la force du cœur qui donne libre cours aux élans d'amour.

Du coup, mes ressentiments contre qui n'avait pas su être présent lorsque j'allais mal tombèrent. Les paralysés de l'émotion qui m'avaient tant blessée n'exprimaient-ils pas, par défaut, leurs propres liens d'impuissance avec la mort ?

Pour la première fois depuis dix-neuf jours je m'endors détendue, le sourire aux lèvres.

À mon réveil, un mélange de nervosité et de jubilation accompagne la phrase chantée cette nuit dans mon rêve, encore et encore, par un homme à l'allure fière et chaleureuse.

Hamavdil ben kodesh leḥol : ce qui différencie le sacré de l'ordinaire. En douceur, paupières encore closes, les mots bercés par la répétition me transportent vers le rituel familial du samedi soir.

Chaque samedi soir, à la sortie du shabbat*, ma mère, ma sœur et moi nous rassemblions autour de mon père pour la havdala, la prière de la « différenciation ». De sa belle voix, qu'il aimait voir appréciée, le gobelet de vin traditionnel dans les mains, il entonnait le psaume marquant la séparation entre le jour consacré au divin et le reste de la semaine. Comme d'habitude, son corps balancé d'avant en arrière poussait les mots vers l'Éternel avec une telle intensité que le vin débordait allégrement dans la coupelle sous le regard, inquiet pour la nappe, de la maîtresse de maison, ma mère.

En vertu de mon statut d'aînée, et comme le veut la coutume, c'était à moi que revenaient la charge et l'honneur de porter les deux bougies tressées aux flammes entremêlées. Je faisais la fière, accueillant, tout en la cachant bien, la palpitation sensuelle que ces feux entrelacés allumaient en moi. La tradition ne dit-elle pas que ces flammes symbolisent l'union de l'homme et de la femme prédestinés à se rencontrer dans la sainteté de l'amour ?

— Élève les bougies bien haut, disait mon père, car ton

homme sera élevé par son feu intérieur aussi haut que l'endroit où tu les portes.

Une croyance probablement transmise de génération en génération. Petite, je me hissais discrètement sur la pointe des pieds. Je levais la tête vers un très « grand » prince charmant confirmant, chaque fin de semaine, l'évidence plantée dans le coin le plus secret de mon cœur : quand je serais grande, je ne voudrais pas d'un mari ordinaire.

Dans les flammèches pétillantes, accompagnées des odeurs de cannelle et de clous de girofle qui complètent le rituel, l'espérance dansait avec mon désir. Lorsque mon père me reprenait les bougies des mains pour les éteindre dans les quelques gouttes de vin qu'il avait versées dans la coupelle, j'accusais, à chaque fois, un léger pincement au cœur.

Allais-je un jour oublier ce que je reconnaissais ces soirs-là, dans l'intimité du connaître – du naître à ce qu'on sait sans pouvoir exactement le nommer : que je préférerais qu'aucun homme, pas même un prince, aussi charmant soit-il, ne s'approchât jamais de moi s'il avait abdiqué sa noblesse d'âme...

Différencier le sacré de l'ordinaire.

Porté par ces quelques mots, mon rêve déroule sa trame, lentement, presque tendrement. Ma conscience dégagée du rien dans lequel je suis engluée depuis dix-neuf jours retrouve avec délices la douce ambiance de ma nuit.

Je tenais un enfant par la main. Nous nous trouvions dans une magnifique forêt. L'enfant et moi nous étions déjà beaucoup promenés, avec un bonheur partagé, lorsque, attirés par un chant entendu au loin, nous avions rejoint un groupe de badauds. Ils entouraient un homme qui chantait. Sur la première phrase du psaume de clôture du shabbat, hamavdil ben kodesh leḥol, il improvisait une sorte de mélopée, grave et joyeuse à la fois. Les arbres, les oiseaux, l'espace tout entier semblaient s'être transformés en orchestre. Le souffle du vent dirigeait les mouvements. Incantation à la nature et aux cœurs des hommes.

Sur une dernière fin de phrase, il s'arrêta net.

— Bonjour. J'arrive, lança-t-il à mon adresse.

Il m'a semblé tout à fait normal d'attendre que l'inconnu rassemblât ses affaires avant de poursuivre avec lui la promenade dans ce qui s'avérait être une sorte de parc public. Arrivés à l'une des sorties, je demandai au préposé aux tickets si celui que j'avais me permettait de rentrer par une autre porte.

— Ce billet est valable pour toutes les entrées du parc, me répondit-il, ajoutant que je pouvais laisser mon sac dans le coffre de son bureau.

Je pensai alors au trésor de la nuit précédente. Oui, c'était une bonne idée de laisser tout cet argent, et les bijoux. D'autant que j'allais rejoindre des amis à la sortie afin de décider avec eux d'un programme pour la soirée. Une fois dehors, je me dis qu'il serait peut-être trop tard ensuite pour récupérer mon sac. Je revins sur mes pas pour m'enquérir de l'heure de fermeture.

— Oh ! vous avez le temps. Nous ne fermons pas avant onze heures, me répondit le gardien, toujours aussi aimable.

Songeuse, je me dis alors que revenir seule, si tard, avec un enfant, n'était peut-être pas très raisonnable... surtout après avoir récupéré mon trésor. Je n'osai me tourner vers l'homme encore présent à mes côtés. Allez-vous rester avec mes amis ? lui demandai-je d'une voix qui pensait très haut : avec moi. Il m'enveloppa d'un regard amoureux, dénué de tout schmalz – la sentimentalité trouble et vaguement séductrice que ce mot yiddish exprime si parfaitement.

— Après tous les « manques à gagner » dont vous avez souffert, vous ne pensez tout de même pas que je vais vous laisser maintenant que je vous ai trouvée.

Au moment où je levais les yeux pour plonger un regard ému dans le sien, l'enfant s'est dissous dans l'espace. Je constatai sa disparition avec une tranquillité étonnante, tout en observant la joie qui animait mes sens.

Il existe plusieurs sortes de rêves. Celui-ci appartient à la catégorie des songes qui donnent le sentiment très particulier d'avoir vécu la scène dans un espace plus réel que la réalité. Le rêveur en sort déjà transformé, comme enrichi de savoir. Il ne lui reste plus qu'à rattraper la conscience d'avance que son rêve a sur lui. Le mien restaure l'espérance perdue depuis ma plongée dans le rien.

Surtout ne pas le laisser filer, rattraper les images, retenir l'ambiance, les parfums d'âme, les détails. *Les brises de l'aube ont des secrets à te dire, ne te rendors pas.*

Hamavdil ben kodesh leḥol.

Les yeux toujours clos, je m'accroche à ces quatre mots, répète la phrase dans ma tête. Transformée en mantra* hébraïque, elle s'ouvre doucement au sens. Différencier le sacré de l'ordinaire ! Serait-ce l'enjeu du stop qui me paralyse depuis près de trois semaines ?

Stop : paradoxal appel d'air vers le nouveau. Annonce d'un tournant à prendre sous peine de nous retrouver épinglés comme un papillon à l'une de nos croyances devenue obsolète pour notre évolution. Invitation forcée à lâcher un de nos modes essentiels de fonctionnement.

J'aurais dû me souvenir plus tôt de cette thèse kabbaliste. Elle aurait probablement raccourci le temps de mon mal-être. Les trois jours d'intense récapitulation qui l'ont précédé m'ont amenée à revisiter mes années en robe orange et mon retour au monde. Ils se sont soldés par l'annonciation d'une initiation à la joie. *L'Un n'empêche pas l'autre.* Passage brutalement arrêté dans sa course par un état d'abattement extrême et le besoin frénétique de moucher mon nez plus rouge que celui d'un ivrogne.

Différencier le sacré de l'ordinaire ! Une étape capitale sur le chemin de la jubilation, voire de la jouissance ?

En guise de réponse, six lettres surgissent des vapeurs qui ramollissent mon cerveau depuis dix-neuf jours. Sans hésiter, elles forment le prénom indésirable : Foster, ma dernière grande rencontre amoureuse. Échec exemplaire.

Nous avions pourtant appelé le sacré de tous nos vœux sur notre couple. Pas de la bonne manière, semble-t-il. Telle une confirmation, une sensation nauséeuse me ramène à ma première nuit d'amour avec lui, le 21 juin 1993. Un solstice d'été mémorable après dix ans d'abstinence pour cause d'engagement sacerdotal dans la spiritualité hindoue.

Le malaise revient en force ce matin.

Mon histoire avec Foster serait-elle la lanterne capable d'éclairer un schéma engrammé dans ma psyché depuis la nuit des temps ? Un de ceux qui, par conséquent, résistent le mieux à la mutation. Sexe, sacré et spiritualité : addition ratée jusqu'ici. Idéal réaliste ou pari impossible ?

J'ai toujours voulu porter mes amours aux confins de la lumière. Trop haut ? Trop intensément par peur démesurée de l'ordinaire. Déviation du sacré ? Affronter la violence de cette éventualité, entrer dans le ressenti : c'est la voie rapide. Faire comme si de rien n'était, penser à autre chose, et le rendez-vous sera repoussé à plus tard. N'est-il pas plus sage de profiter de ce rêve qui lève la censure ? Comment créer un nouveau commencement si je ne tire pas les leçons de ma dernière valse amoureuse ?

Maintenant que l'eau a dissipé dans mes sinus beaucoup du feu de ma colère, il est peut-être temps de revenir sur mon tour de piste avec Foster volontairement relégué aux oubliettes depuis mon retour en France il y a quatre ans. Je dois être aujourd'hui capable de retourner dans la nuit noire de mes dix années canadiennes sans risquer une nouvelle inflammation. Cela m'aidera à en finir avec ces sacrées sinusites à répétition qui m'accablent depuis mon retour du Canada. J'ai sans aucun doute cet épisode de ma vie « dans le nez », comme dit le bon sens populaire.

Flottant dans l'espace entre sommeil et réveil, j'hésite, je tergiverse, incertaine de mon désir. Revisiter cette première expérience de l'altérité va m'obliger à traverser l'espace relationnel des passifs-agressifs : ces hommes et ces femmes à la féminité emberlificotée dans des mailles maternelles trop lâches ou trop serrées.

Je revois Foster entretenir, avec toute l'énergie de son désespoir d'enfant mal-aimé, un féminin mélancolique qui l'attachait à la plainte et au ressentiment. Moi, en écho, assurant la position masculine du passif-agressif, celui du sauveur, de la bonne mère dont il languissait pour le consoler des blessures d'âme infligées par la sienne. Ai-je envie de repasser par cette étape douloureuse de mon devenir femme ?

— Cela te permettra de faire le point sur ta santé émotionnelle, murmura à mon oreille tentée de faire la sourde une *petite voix* intérieure.

Elle a gagné... ma mémoire s'emballe.

Longtemps j'avais attribué ma fragilité affective à ma relation manquée avec un père mort trop tôt. Fuyant les cauchemars de la Shoah, comme tant d'autres, lui non plus n'avait jamais parlé, ni de la disparition dans les camps de sa première épouse et de Rénia, ma demi-sœur, ni de celle de ses parents et de ses dix frères et sœurs, ni de sa survie à lui. Silence sur une joie de vivre empoisonnée, malgré la présence de ma mère, ma sœur et moi.

J'avais dix-neuf ans lorsque sa mort m'avait laissée face à face avec ma mère.

Moi qui avais toujours été une « enfant gentille », je me découvris soudain intransigeante et colérique. Si mon père avait été pour un court mais intense rendez-vous l'objet d'amour classiquement œdipien de sa fille, ma mère, présence neutre dans ma vie jusque-là, m'a très vite renvoyé mon image rebelle de garçon manqué, celle du fils dont mon père avait toujours rêvé. Mon énergie féminine s'en était trouvée doublement pervertie, véhiculant l'archétype de femme agressive, d'autant plus sur la défensive qu'elle ne supportait pas l'image de féminité transmise par sa mère. Foster m'a permis de la regarder en face. Ce n'est qu'en fin de course, épuisée, que j'ai compris que le pôle masculin négatif, dominateur et obstiné se renforce contre leurs mères chez les filles, alors que celui des fils s'affirme contre leurs pères. Quant au pôle féminin négatif, léthargique et subissant, il se nourrit chez les garçons d'une trop grande sollicitude maternelle ou de son absence, tandis que l'excès ou le manque d'autorité paternelle exacerbent celui des femmes.

Polarités féminines et masculines croisées ! Yin dans le yang et yang dans le yin, diraient les taoïstes. Hémisphère cérébral droit lié au côté gauche du corps et vice versa : ce croisement influe sur toutes nos relations et fait dépendre leur harmonie de la qualité de notre double champ énergétique. C'est la compétence à unir leurs forces antagonistes qui rend plus fluides les échanges avec les gens que nous « croisons » sur notre chemin. Ce rapprochement des contraires nous aide à nous mettre en résonance réceptive non passive face à l'agression, d'être émissif non violent face à l'inertie. De cette souplesse énergétique résulte une force de paix que je n'ai pas su trouver avec Foster. J'en ai tiré une leçon : aimer est un art qui s'apprend. Rêver d'amour n'y suffit pas.

À l'école de la vie, on fait ses classes primaires en famille, l'espace de gestation de notre devenir homme ou femme, en miroir de nos pères et mères. Nous passons dans le secondaire en observant le transfert de nos réactions filiales sur nos relations amicales et professionnelles. Les rencontres amoureuses ouvrent les portes de l'enseignement supérieur. En ce domaine où l'altérité se trouve confrontée à l'intimité charnelle, l'art du changement de polarité devient capital.

Je dois à la rencontre avec Foster de m'avoir montré qu'on ne « quitte » réellement son père et sa mère qu'en libérant en soi-même la « bonne mère » capable de soutien inconditionnel, apte, comme dit Christian Bobin, à *prendre soin de la solitude ontologique de l'autre sans prétendre la combler.* En devenant quelqu'un sur qui l'autre peut compter sans se sentir sous domination, on découvre le « bon père » en soi.

En chemin, j'ai rencontré ma violence.

Où en est-elle aujourd'hui ? Sous contrôle. Mais si elle n'explose plus que rarement, mes agacements n'en blessent pas moins mon entourage. Si je veux atteindre la tempérance à laquelle j'aspire, j'ai tout intérêt à revenir sur le couple que je formais avec Foster. Ce retour de mémoire dans l'esprit de la techouva, du retournement cher aux kabbalistes, me permettra peut-être de faire la paix avec mon masculin. Avec les hommes !

Bonnes raisons et tiraillements se répondent. Mon manque de vitalité m'empêche d'argumenter. Mon cœur alourdi par la torpeur de ces dernières semaines se défend mal contre les images du passé. Je note en souriant ce bénéfice secondaire de la fatigue physique avant de m'abandonner à l'écœurement qui monte.

Se souvenir est la plus grande des bénédictions.

Toronto, avril 1993

— Pourquoi pensez-vous votre vagin comme sacré ? me demanda la psy sur le ton juste un peu pincé du thérapeute qui sature d'équanimité une question lourde d'émotion.

Susan, une de mes nouvelles amies canadiennes, m'avait conseillé de la consulter.

— Tu verras, elle pourra t'aider à clarifier ce moment de désarroi bien normal après dix ans de chasteté.

— Effectivement ! Un peu d'accompagnement thérapeutique me fera le plus grand bien. J'ai encore du temps car Foster et moi avons décidé d'attendre le solstice d'été pour notre première « nuit de noces ». Dans une semaine il part pour Vancouver. Il veut profiter des vacances de Pâques pour revoir Monika, sa dernière compagne. Il doit clore sa relation avec elle pour pouvoir se consacrer à notre couple. C'est ce qu'il dit, mais en attendant, j'ai des vapeurs de vierge en émoi. C'est peut-être la peur que notre belle rencontre ne tienne pas ses promesses.

— Ou qu'il te soit infidèle avec son ex.

— Tu penses bien qu'on en a parlé. Il prétend que, s'il en était capable, ce serait une manière de jeter notre relation aux toilettes et de tirer la chasse sur ce qu'elle a de beau et de sacré. L'image n'est pas élégante mais elle m'a rassurée. N'empêche que l'angoisse monte. Passe-moi le numéro de ta psy.

Neuf jours plus tard, je me retrouvai face à une femme vêtue de bleu marine, obstinément neutre comme semblait l'exiger son métier à ses yeux. Foster était à Vancouver. Chacun à notre manière nous préparions notre avenir de couple. Lui avec son ex, moi avec une thérapeute.

J'avais retracé pour elle la via dolorosa de mes grandes amours, mes allers et retours entre passion, érotisme et carêmes sexuels pour cause de déception chronique, ma plongée dans les philosophies orientales, la découverte de l'amour spirituel avec le swami V., mon maître indien, mort en 1982. L'ouverture de la chambre mystique de mon cœur. L'expérience tantrique qui s'était ensuivie avec Richard, rencontré en 1980. La surprise de constater que la sexualité extatique qui comblait nos corps et nos âmes ne garantissait en rien la compétence relationnelle au quotidien. La rupture suivie de dix ans de chasteté sereine comme swami, femme prêtre. Le hasard du calendrier qui avait placé cette initiation sacerdotale le jour de la Saint-Valentin 1982. Ma rencontre avec maître O. et la kabbale. Mon arrivée à Toronto en janvier 1986 avec Stéphy, Eli son mari, Talia et Rocco le chat. Ma difficile adaptation au clan familial, encore plus ardue que l'accoutumance au froid et à la solitude. Dans l'immense Canada, nous ne connaissions personne.

Pourquoi avais-je décidé d'émigrer ? À cette question qu'elle posa comme à regret, je revins à l'été 1984 : à cause de maître O. Peut-être « grâce » à lui, d'ailleurs.

Pourquoi ne partiriez-vous pas au Canada ? m'avait-il demandé lors d'un entretien privé. J'avais accueilli sa suggestion avec un sourire incrédule. Il plaisantait ou alors il utilisait un de ces stratagèmes propres aux maîtres traditionnels pour déstabiliser leurs disciples, observer leurs réactions. Je n'allais pas me laisser prendre à ce qui ne visait probablement qu'à tester mon attachement au pouvoir que me conféraient alors mes élèves. Un « pourquoi pas » neutre et serein avait clos mon examen. Il avait souri. Un satisfecit certain, m'étais-je dit avec fierté.

Un an plus tard, O. avait réitéré son offre, me poussant cette fois à présenter au plus vite une demande d'immigration au consulat canadien.

Sans comprendre l'urgence qui l'animait, je jouai le jeu, persuadée que ma demande de visa serait rejetée. Ce pays n'avait sûrement pas besoin de professeur de yoga ni de guide spirituel, je n'avais aucune référence d'entrepreneur à offrir et pas d'argent à investir. Début août 1985, je déposai sans conviction un dossier d'écrivain, appuyé sur mon seul doctorat de lettres et quelques recommandations d'amis universitaires. Je pourrais au moins dire à O. que j'avais essayé. Et puis, qui sait, peut-être qu'un jour je me mettrais à l'écriture.

Je reçus par retour de courrier une convocation pour le 29 août. L'entretien devait décider de mon admissibilité. Je commençai à paniquer. La plaisanterie tournait dangereusement au sérieux.

Lorsque j'arrivai au consulat, je découvris l'erreur. Une coquille administrative : mon rendez-vous était en fait enregistré pour le 29 septembre. Dieu seul sait pourquoi j'insistai pour être reçue au lieu de me réjouir de ce sursis.

— Excusez-moi, c'est impossible. Je pars après-demain pour le Canada – c'était vrai, j'y rejoignais ma famille car on venait de diagnostiquer une maladie grave chez mon beau-père canadien –, je ne serai pas rentrée pour le 29 septembre – ça, c'était faux, mais je n'en étais plus à un petit mensonge près.

L'indifférence de l'employée qui « n'y pouvait rien » me galvanisa. Ma voix monta de plusieurs tons, la sienne aussi. Un homme passant à cet instant dans le couloir s'arrêta et s'enquit des raisons du litige.

— Faites entrer cette jeune fille dans mon bureau, je la recevrai moi-même.

Qui tirait les ficelles ? Ce fut avec la désagréable sensation d'être le pantin d'une farce que j'entrai dans le bureau de l'homme au complet cravate impeccable, réservé et avenant tout à la fois. Sans un mot, il feuilleta mon dossier, y apposa quelques signatures. Puis envoya un fax.

— C'est pour Ottawa, dit-il à mon adresse avec un sourire aimable. À partir de maintenant, vous pouvez passer votre visite médicale quand vous le souhaitez, en sachant que vous devez émigrer dans les six prochains mois.

On ne passait cette visite qu'une fois le dossier validé par le gouvernement canadien. Étonnée, je lui demandai :

— Comment saurai-je que je suis acceptée, vous n'avez pas reçu la réponse d'Ottawa.

— Si c'est moi qui signe votre dossier, vous êtes acceptée.

J'appris par la suite que ce monsieur, peut-être un peu pantin lui aussi dans le scénario qui allait bouleverser le cours de ma vie, était le vice-consul du Canada en France.

Deux jours plus tard, quand je pris l'avion, j'étais déjà immigrante canadienne ! Avant de partir j'avais écrit à O. pour lui raconter l'aventure. Il dut sourire dans sa barbe tandis que je riais jaune en m'envolant vers Toronto.

— Du monde d'étoiles où il se trouve maintenant, il a intérêt à être content de moi, déclarai-je en riant dans l'espoir de détendre les traits toujours figés de la psy. Finalement je m'en suis plutôt bien sortie dans ce retour au monde qu'il me souhaitait. J'ai fait mes preuves professionnelles en devenant le manager du magasin de décoration qu'Allan, le mari de Dana, une de mes premières élèves, a ouvert à Toronto. Ma réinsertion sociale est satisfaisante. J'ai même réussi à tisser quelques amitiés de proximité, dont Susan, qui vous a recommandée à moi. Côté famille il reste encore beaucoup à faire, ajoutai-je pour être honnête. Après quatre ans de vie en cocon communautaire, les retrouvailles ne se sont pas faites sans mal. L'association tentée entre ma sœur, mon beau-frère et moi dans la direction de la boutique a failli tourner au pugilat. Mais cela va un peu mieux depuis que je leur ai annoncé l'an dernier, à la fin du dîner qui clôt le jeûne de Kippour, que j'étais prête à trouver un amoureux. J'ai décidé de relever le défi qu'on peut incarner sa spiritualité dans la chair.

« – Il était temps, a commenté Stéphy en amorçant un sourire méprisant à l'encontre de tous ces beaux parleurs d'amour spirituel qui n'ont jamais fait leurs preuves en couple.

« Talia et ma mère ont surenchéri de plus belle.

« – Ça va, inutile d'en rajouter, ai-je rétorqué à ce chorus réjoui, coupant court aux plaisanteries prêtes à fuser. Quarante-cinq ans, ce n'est pas encore la décrépitude !

« La crainte de me voir faire marche arrière a instantanément calmé l'assemblée.

« Quinze jours plus tard, Jimmy est arrivé.

« – Peut-être aurais-je mieux fait de me taire », ajoutai-je.

Regard dubitatif.

— Je n'avais pas encore découvert la puissance de nos déclarations d'intention à l'univers. « Demandez et vous recevrez », n'est-ce pas ?

Blanc. Silence.

— Vous imaginez, insistai-je bêtement, dix jours plus tard, ma mère arrivait avec la bonne nouvelle. Une amie à elle lui avait demandé si elle pouvait donner mon numéro de téléphone à son fils Jimmy, un célibataire endurci que mes charmes pourraient peut-être attendrir. Tout le monde dit qu'il est très beau garçon, a ajouté ma mère. Elle devait se dire qu'après dix ans de chasteté un supplément de charme physique favoriserait le réveil de mes hormones.

Elle avait raison.

Fi de mes années de psychanalyse et de méditation ! Au premier regard je retrouvai les quinze ans d'une midinette, tous mes sens emballés pour la seule et unique raison que Jimmy ressemblait à Robert Redford.

Il n'y avait pas grand-chose d'autre à faire qu'à le regarder. De son côté, adepte de la formule « sois belle et tais-toi », il avait l'habitude d'interrompre tout départ de conversation sérieuse par des petits bisous sucrés qu'il pensait être la plus belle offrande à l'intelligence qu'il me concédait. À quoi servait de discuter puisqu'on se plaisait ? Il s'écoutait parler et ce qu'il disait était d'un ennui sans fond. Il considérait tout ce qui retardait le moment où il honorerait sa dame dans son lit à baldaquin au ciel tapissé d'un miroir comme une pure perte de temps.

Je lui devais le bonheur de constater que, comme aller à bicyclette, flirter ne s'oublie pas. Toutefois, au bout de trois semaines d'embrassades qui donnaient un regain d'adolescence et de chair à mon corps chaste, je ne savais plus comment repousser ses avances pressantes. Impossible de lui dire que l'hédonisme sans tête qui constituait toute sa philosophie de vie ne convenait pas à mes exigences spirituelles. Je tentai diverses approches plus diplomatiques les unes que les autres. Mais il avait une inégalable capacité à ne pas entendre ce qui risquait de froisser sa fatuité.

Ce n'était pas pour cela que j'avais choisi de rompre mes vœux de célibat au bout de dix ans.

Je n'arrivais pas à avouer à la psy de Susan ce qui m'avait vraiment décidée à opter pour un retour à la sexualité.

Là, « ça » s'agite dans ma mémoire. L'étrange aventure qui m'a conduite en décembre 1991 à prendre à nouveau le risque d'une relation amoureuse envahit ma conscience. Je m'étais contentée de signaler à cette thérapeute trop conventionnelle que cette année 1991 avait été mauvaise.

Le vent de l'abondance tournait : choc en retour des fastes années 1980, d'une économie spéculative au service de l'accumulation. Eli pensait qu'il suffisait d'améliorer le soutien informatique du magasin. Allan, avec son élégance de dandy, trouvait de mauvais goût d'en parler. Je poussais à la réduction des stocks d'objets de luxe aux prix trop insolents. Mois après mois, le chiffre d'affaires avait inexorablement glissé vers le rouge. L'ombre portée de nos divergences d'opinion s'en trouvait alourdie. Stéphy restait murée dans la fureur qui l'habitait depuis qu'elle avait claqué la porte de la boutique. Nous ne nous parlions quasiment plus. Eli et Talia restaient diplomatiquement en retrait. Ma mère avait dû alterner les invitations pour le dîner du shabbat, eux sans moi, puis moi toute seule la semaine suivante.

À la mi-octobre, après les fêtes de la nouvelle année juive passées en famille par respect pour notre mère, je me retrouvai plus accablée par mon bilan affectif que par la situation financière du magasin. Je passai les week-ends suivants de novembre à contempler mon découragement.

J'en étais arrivée à envier les gens qui se contentent d'une vie de tranquille désespérance.

Et puis un jour... Toronto, 25 décembre 1991

Il neigeait depuis des heures. Les flocons cotonneux avaient fini par masquer les trois quarts de la porte vitrée qui donnait sur mon jardin. Une couche fraîche alourdissait encore les épaisseurs blanchâtres qui l'emmitouflaient depuis des semaines. Au fond, la rivière ne coulait plus, arrêtée dans sa course par le gel.

Assise sans but dans mon salon aux couleurs de Provence, je repensai à mon arrivée à Toronto. Ma rencontre avec cet univers d'autant plus étranger qu'il avait fallu l'affronter en anglais et dans le climat sibérien du Canada, terre mère indienne de l'Ouest, nouveau monde si éloigné de mon tempérament de contemplative.

Les yeux rivés sur mes murs couleur soleil, une teinte pour laquelle j'avais tant bataillé avec des peintres aux vestes de trappeur peu au fait des nuances méridionales, je repensai à mon départ de France.

O. avait voulu me préserver... de mes élèves. N'avait-il pas exagéré en mettant l'Atlantique entre eux et moi ? Vous serez plus tranquille au Canada, m'avait-il assuré. Plus tranquille ! Ce jour-là, tout démentait sa prophétie. En guise de la tranquillité promise, je longeais le rivage vaseux de la déprime.

Pourtant, les signes du destin qu'on appelle communément le hasard des circonstances avaient d'abord semblé lui donner raison. Le cancer de mon beau-père qui ne voulait se faire soigner qu'à Toronto, le désir d'Eli et de Stéphy d'être près de notre mère durant cette épreuve avaient étrangement réuni notre famille dans cette ville dont le nom signifie... lieu de rassemblement. Les chefs des tribus indiennes de l'Amérique du Nord s'y retrouvaient une fois l'an. Notre aventure familiale allait-elle se terminer autour d'un calumet de paix ? Rien ne semblait moins sûr et maître O. n'était même plus là pour répondre de son idée saugrenue. Il était mort le 25 décembre 1986, l'année même de mon arrivée au Canada. Cela faisait cinq ans jour pour jour.

Et s'il s'était trompé en me suggérant de lâcher tout, appartement, ashram et disciples « pour vivre dans le monde sans penser comme le monde » ? Au moins, j'aurais quelqu'un à accuser. Mais s'il avait eu raison de me pousser à traverser l'Atlantique pour ajouter la compétence relationnelle à ma spiritualité, eh bien ! il ne me restait plus qu'à prendre acte de mon échec.

Le tourbillon social et le rapprochement familial avaient eu raison de ma souveraineté d'être. La vivre dans le relationnel me semblait un pari bel et bien perdu. Mission impossible probablement. Le sujet incarné, ontologiquement limité par les contradictions de l'humaine condition, doit sûrement se contenter de survivre. Gérer l'ordinaire du mieux qu'il peut. Aspirer à quelques plages de bonheur où se désengluer des marées noires de la routine. Trouver de petites échappatoires afin de ne pas crouler sous le poids du quotidien. Mentir pour échapper à la vérité. Rire pour ne pas pleurer.

Affligeante perspective.

Soudain, mon regard s'arrêta sur la cheminée en pierre de taille, bien française, pour laquelle j'avais charmé l'administration des douanes et tout le personnel du service d'importation. Le mur, la cheminée, tout ce que mon regard embrassait de cet espace pourtant décoré avec enthousiasme me renvoyait une image navrante de la vanité des choses. Si je déménageais, je ne pourrais pas emporter la cheminée. Il faudrait la vendre avec la maison. Pour rien. L'idée m'accablait au-delà de toute mesure.

Je repensais aux flambées qui avaient si souvent consolé mon cœur pris dans les glaces des longs hivers canadiens, à mes difficiles débuts dans la vie dite active entre contraintes horaires, comptes d'apothicaire, sourires aux clients et small talk, la langue de la petite conversation ou l'art de parler pour ne rien dire, en tout cas, rien de personnel. Sans compter la fatigue ordinaire qui me clouait le soir devant la télévision surfant sur les chaînes en avalant sans plaisir mon plateau-repas. Les meilleurs soirs, je m'immergeais dans un bain moussant avant d'aller dormir. Effets secondaires de la spirale mortifère du rêve matérialiste, de l'ensommeillement de la conscience grisée par la productivité, l'extase de l'efficacité, la jouissance des agendas surchargés et des obligations sociales. Réponse hystérique à la nostalgie du « Tout » qui avait transféré ma soif d'absolu vers les paradis artificiels du stress et autres dépendances à l'adrénaline.

Six ans à réapprendre le monde. Bilan : la Terre, planète

lourde à vivre. Le poids. Le bruit. L'agitation qui rend sourd aux murmures de l'âme. Les humains denses, opaques.

Du ciel à la terre, en ce jour de Noël 1991, ma descente en incarnation fait mal de tous côtés. Perdue dans le jaune de mes murs, je me demande si je n'aurais pas mieux fait de me contenter des joies spirituelles. Mon feu sacré étouffé sous la charge du quotidien me manque. Peut-être est-il mort !

Et si je méditais vraiment au lieu de subir cette fixité zen qui me paralyse ? Je ne sais probablement plus méditer. Cela fait bien longtemps qu'en guise de transport transcendantal mes tentatives d'élévation m'entraînent dans un profond sommeil. Le poids des soucis quotidiens encombre trop ma tête : le papier peint de Mme Unetelle arrivera-t-il à temps ? Comment expliquer la couleur verte des verres de Biot au lieu du bleu que j'ai commandé ? Il faut réassortir le stock de tissus, préparer la prochaine réunion du personnel...

Poussée par mon goût du travail bien fait et mon intensité naturelle, j'ai sûrement embrassé de trop près les façons du monde. Mieux vaut avoir des remords que des regrets, dit le proverbe. Peut-être, mais le doute empoisonne mon présent et mon avenir bute sur une impasse.

Je voudrais, je voudrais qu'on me laisse dormir, qu'on me laisse rêver... Le souvenir de cette vieille chanson d'Anne Sylvestre met soudain en paroles l'aspiration qui envahit mon âme.

Oui, qu'on me laisse dormir longtemps, indéfiniment.

Entraînée par mon désir d'oublier la laideur du monde et le poids des soucis quotidiens, je basculai soudain hors de la dualité, en ce non-lieu où, par la grâce de la vacuité, le rien se retourne quelquefois en Tout, la pesanteur en légèreté, où vide et plein ne font plus qu'un.

La lumière s'alluma au cœur de moi-même. Des larmes de reconnaissance pour l'Éternel montèrent comme un alléluia. Home, sweet home. J'étais de retour chez moi, dans la demeure de l'esprit, pur silence habité d'or étoilé, de splendeur infinie.

Petit à petit, toute notion de conscience se perdit dans un absolu sans failles. Tout... Rien. La béatitude fusionnelle où il n'y a plus aucune place pour l'autre, source de tant de frustrations annoncées, de découragements assurés.

J'entrouvris les yeux – combien de temps après ? Longtemps, s'il fallait en croire la légère pénombre qui grisait le jardin. Trois silhouettes, dont une longiligne, au milieu de deux autres, plus petites, semblèrent se désencastrer de la cheminée. Des ombres reflétées par les arbres, me dis-je. Mais elles avançaient vers moi, comme portées sur des ressorts de velours qui donnaient du moelleux à leur mouvement. Je me redressai dans un semblant de dignité, hésitant entre incrédulité et frayeur. Les contours se précisèrent autour des trois corps, plus vibratoires que réels. Avant même d'entendre la voix du personnage central, tout mon être sut. Ils étaient au sens littéral du terme porteurs de message : des anges.

— Tu languis de revenir dans la lumière sidérale ? D'accord, souffla celui du milieu à mon oreille intérieure. Si tu confirmes ce désir, tu peux rentrer à la maison. Tu as achevé un cycle spirituel. La suite peut attendre. Mais dormir longtemps, non. Tu devras redescendre assez rapidement pour continuer ton apprentissage du savoir-aimer, vivre divinement sur terre la relation à l'autre. Pas Dieu sans l'autre. Pas l'autre sans l'Un. Sans cette unité intérieure il est impossible de vivre le sens du sacré, de l'Éternel jusque dans l'étreinte. Dans ta langue, éternité est bien un anagramme d'étreinte.

Étreinte... Éternité... Trop accablée pour apprécier cette révélation sémantique, je bougonnai. Vivre une divine relation à l'autre ! Facile à dire pour des anges.

L'autre ! N'est-ce pas l'obstacle qui s'est toujours mis en travers de ma joie de vivre ? Je ne suis pas un ange, moi !

L'autre ! Que faire de cette réalité encombrante, de cet empêcheur de tourner en rond dans la paix et la lumière ? Jusqu'alors je n'avais su que scinder : ou m'attacher romantiquement au moindre battement de cœur au risque, vérifié, de nombreuses déceptions, de passions infidèles à mon âme. Ou m'éloigner, au nom d'une spiritualité qui me conduisait tout droit dans les ashrams, après combien de couvents, de communautés religieuses dans un passé beaucoup plus lointain !

L'autre ! Impossible sans, mais comment faire avec ? Comment s'en approcher sans perdre son âme ? Comment accueillir sa différence sans se perdre soi-même ? Si, au début, les sens et le sens font bon ménage, *avec le temps*, l'amour humain ne vire-t-il pas toujours à l'ordinaire ? Et ces « anges » qui me font miroiter des étreintes dans lesquelles on se souviendrait de l'éternité !

Au regard de mon bilan canadien, cet Eldorado se trouvait encore loin. À quoi ressemblait-il ? Silence. Le mur, la cheminée... L'espace du salon avait retrouvé sa normalité.

Une hallucination probablement...

— Trois jours. Tu as trois jours pour décider.

Restait la voix claire et ferme des visiteurs redevenus totalement invisibles. Ils n'avaient pas l'air de plaisanter.

Décider de quoi ? Mourir ! L'angoisse montait.

— Ne t'inquiète pas. Ton passage se fera en douceur. Tu ne te réveilleras pas. C'est ce que nous appelons ici s'éteindre sous le baiser de Dieu.

Chema ! Écoute... Comme un écho à leur absence, l'injonction hébraïque prolongea la vision, confirmant par le son la véracité de ma perception sensorielle. État de conscience particulier dans lequel les sensations prennent sens, où l'œil écoute, l'oreille voit, où, raisonnablement, on ne doute plus de l'incroyable.

Les « anges » avaient eu l'air d'insinuer que pour retrouver l'ailleurs de lumière, en finir volontairement avec l'existence sans en passer par le suicide, il me suffirait d'en déclarer l'intention à l'Invisible. À mon inconscient ? L'idée était choquante et fascinante tout à la fois.

Je passai une nuit d'insomniaque entre deux plages de sommeil agité, l'œil fixé sur cette alternative. Accepter de partir : radicale délivrance de la pesanteur. Décider de rester : limitations, imperfection garantie. Trois jours pour choisir.

Jour 1. À l'aube, un étrange scénario venu du fond des âges émergea de ma torpeur. Pas tout à fait un rêve, encore moins une vision, certainement pas une réflexion. Comme en songe, ma conscience remonta doucement vers l'origine de toutes les naissances : la naissance d'âmes en voie d'incarnation.

Sur mon écran mental, une petite poussière de feu danse joyeusement. La substance céleste l'épouse si intimement qu'elle n'a qu'à se laisser porter. Soudain, l'étincelle suspend sa course, sidérée par le fonctionnement du système qui l'alimente.

Arrêt sur image. Penser par moi-même, se dit-elle. Ne plus être fondue, confondue avec l'absolu, la substance pensante du Verbe. S'en séparer pour exister. Prendre corps pour contribuer. Participer à la création. L'embellir. Embrasser sa propre créativité.

L'énergie pensante devient envie. Un goût ? Un élan ? Pure curiosité, vœu sans substance, idée sans raison qui, telle une onde portée, aussi infime que l'écart d'équisonnance sur un violoncelle, fait frissonner l'océan cosmique. Subtile alchimie de l'en-vie, tropisme en tension, énergie tiraillée, chaos pulsionnel qui pousse le flux vital à nommer son envie de s'arracher au Tout, à l'éternité. Premier désir. Origine du Désir ?

Sans écart, point de relation. Paradoxe de l'éloignement, de la séparation qui engendre l'altérité. Devenir autre, à jamais différent ? Renoncer pour cela à la fusion ? Risquer l'inconnu ?

J'y vais, j'y vais pas... Ambivalente jouissance du libre arbitre dont il ne restera sur terre que le goût d'une liberté à jamais limitée par l'autre. L'autre ! Radicale contrainte. Source aussi de plaisir : l'approchement, la caresse... plaisir du lien. La joie des sens, de la chair n'appartient qu'aux humains. Voilà, c'est dit... Comme un aveu qui fait rougir, une intention naît : aimer dans la chair. En écho à ce frémissement de désir, la lumière alentour vacille.

Entraînée sur la ligne de force que creuse l'intention, la petite étincelle aborde la périphérie de l'éternité, du Tout. Au bord d'une dernière hésitation, elle s'entend penser : oui ! Sur l'onde de cet acquiescement originel, un souffle chaud la propulse dans l'univers obscur du dehors.

Son voyage dans le Temps a commencé.

En sa compagnie, des semences d'étoiles emportées elles aussi par leur désir de l'autre. L'alpha du Désir.

Ballottées dans la nuit bleue de l'océan cosmique, la matrice céleste de leur commune gestation d'âmes, elles flottent, se croisent et s'éloignent au gré des courants. La corde de lumière qui les relie à la source s'enrichit de nouveaux liens. Dans ce réseau de plus en plus complexe s'engendre peu à peu leur histoire personnelle.

Je passai cette première journée d'épreuve angélique entre euphorie et chagrin. Il était doux de penser que je n'étais pas victime de mon existence. J'avais désiré posséder une histoire personnelle. Je l'avais. Mais, *au jeu du Désir, les dés sont pipés*. Une fois la roue lancée, point de marche arrière. Il n'y a de choix qu'avant un commencement. Ensuite, les chapitres s'enchaînent de cause à effet, de réactions en contrecoups, de répercussions en échos infinis. Il ne nous reste qu'une liberté conditionnelle, soumise au terrain, à l'environnement, aux autres.

Et si c'était à refaire ? Justement. C'était à refaire. J'avais à choisir à nouveau. N'était-ce pas l'esprit même du contrat proposé par les anges ? Allais-je confirmer mon désir premier ou me dédire et céder à la tentation de la mort ? Au chant des sirènes ?

Si je restais, qu'allais-je faire de ma colère contre un dieu qui nous a donné le libre arbitre mais si peu de liberté ?

Si je restais, comment ne pas être hantée par le souvenir de la beauté originelle, échapper à la mélancolie ?

Jour 2. Après un réveil plat, une matinée désespérément neutre, je m'enfonçai à nouveau dans le canapé confortable de mon salon.

La cheminée me narguait. Tout ça s'est passé dans mon imagination ! lançai-je à son adresse, trop lasse pour jeter contre sa pierre la tasse de thé que je tenais à la main. Peut-être suis-je simplement en train de déprimer. De là à m'inventer une rencontre avec l'ange de la mort porteur d'une invitation au grand départ. En douceur, avait-il précisé. Mon imagination a même réussi à contourner ma crainte de mourir dans la souffrance. Ah ! le pouvoir de l'imaginaire !

Me revint alors en mémoire l'immense amphithéâtre bondé d'étudiants suspendus à la parole du maître en psychanalyse de l'époque : Jacques Lacan. Une femme, toujours assise en bordure de rangée, l'écoutait en tricotant. Comme la marque du tissage euphorisant de la pensée qui caractérisait les séminaires de la rue Saint-Jacques, son tricotage me ramena à la jubilation cérébrale qui, à chaque numéro du maître, me comblait pour des semaines.

« L'imaginaire, c'est là que ça se passe. » J'entendais encore la voix de Lacan déclamer la phrase en appuyant sur le « ça » d'un ton emphatique et ludique à la fois qui réjouissait mon oreille. Trois cercles tracés sur le tableau... Il revenait encore et encore sur les rapports entre le symbolique, l'imaginaire et le réel. Tout tient dans le « rapport » entre ces trois différentes modalités de la perception, expliquait-il, accentuant le « r » comme un ténor qui prend son élan pour atteindre le dièse surajouté à la dernière syllabe.

Cette fois encore, la pensée lacanienne réussit à me tirer de ma léthargie. De l'imaginaire de Lacan à l'imaginal d'Henri Corbin en passant par le monde des idées de Platon, je plongeais dans une réflexion tourbillonnante sur le mystère d'un Invisible « habité ». Sa substance se confondrait-elle avec un inconscient aux variations infinies, allant de la pure lumière aux ombres les plus noires ?

La pensée est créatrice, l'imagination est formatrice, disait souvent O. C'est pourquoi idées et inspirations se traduisent toujours en images. Aucune découverte, aucune philosophie ne peut s'élaborer sans « vision ». L'imagination prend forme à la mesure des longueurs d'ondes émises par nos idées et nos sentiments. Radio paradis ou télé enfer ? La musique de notre monde intérieur dépendrait-elle donc des régions de l'univers sur lesquelles nos prises mentales sont branchées ? Prises de terre ou prises de ciel : au royaume de l'imagination, le pire restant aussi sûr que le meilleur.

Les petites voix de la conscience n'en seraient pas moins toujours porteuses de messages. Messages d'un inconscient habité de démons autant que d'anges qui s'apparenterait au final à un univers vivant, voire pensant. Ma pensée caracolait, bousculant au passage mes résistances. Faudrait-il accepter comme un fait d'être en permanence sous influence occulte, la cible d'un bombardement continu de messages ?

Pourquoi trouves-tu plus de scandale aux anges, à l'ère de l'informatique ou des monnaies volatiles, qu'il n'y en eut à parler de la forge ou d'Atlas, autrefois ?

Du calme ! Réfléchissons. Vivre ou mourir : plus qu'un jour pour décider ? Qu'il soit « réel » ou « imaginaire », le choix offert par les anges n'en décide pas moins de deux façons radicalement opposées de traverser l'existence : en toute liberté ou en victime de notre naissance. Si mes anges ne sont que le reflet de ma détresse momentanée, mon imagination m'ouvre la possibilité de me remettre au monde en conscience, de porter un coup fatal à ma nostalgie de l'ailleurs et à son empoisonnante mélancolie. S'ils sont vrais, c'est l'occasion de retrouver le monde de *luxe, calme et volupté* dont je languis. Peu importe qu'ils existent ou non. J'ai tout à gagner à prendre leur ultimatum au sérieux.

« Vous avez une pensée typiquement pascalienne. » J'entendais encore la voix de mon professeur de philosophie, une des rares enseignantes de lycée à m'avoir entrouvert des lucarnes sur le monde jouissif de la pensée, mon coin de jardin favori où, toute petite déjà, je me réfugiais en fermant les yeux, escaladant en secret les sommets de mes multiples pourquoi, tandis que les enfants autour de moi grimpaient aux arbres.

Elle avait raison. Il y a toujours eu du pari de Pascal dans ma démarche intellectuelle. Pourquoi ne pas parier maintenant sur les anges ? Confortée par la logique du philosophe joueur, je m'abandonnai plus librement à mon *imagination active*, celle qui donne accès à *l'intermonde entre le sensible et l'intelligible*.

Le conte métaphysique de la veille sur la naissance d'une âme en désir d'incarnation me revint avec un tel sentiment de familiarité que j'élaborai sans effort la suite.

Peu à peu, comme des gouttes qui s'alourdissent, les petites étincelles se sont enveloppées de densité, du manteau vibratoire nécessaire à leur descente vers l'existence. Nichées au cœur de cette bulle, elles ont chacune voyagé plus ou moins longtemps. À l'aune d'années-lumière, impossible d'avoir la moindre idée de la durée de leur trajectoire. Très longtemps, c'est tout ce que l'on peut dire. En chemin, des bulles se sont accrochées entre elles. En vertu de la loi cosmique d'affinité elles ont composé, à leur insu, leurs premières filiations, les familles d'âmes avec lesquelles, plus tard, sur terre, elles entreront naturellement en résonance. Celles qui, mieux que d'autres, leur rappelleront l'amour et la lumière de leur origine.

Je m'endormis ce soir-là sur l'image de ma propre bulle reliée à son chapelet d'autres bulles, se densifiant avec une lenteur infinie. Cette aventure était la mienne.

Dans ma nuit, soudain, tout s'est agité. La chaîne a explosé, une fois, deux fois. Des bulles ont disparu, happées dans une sorte de vortex obscur. Et plusieurs fois encore, tels de véritables tremblements de ciel. Une dernière secousse et c'est au tour de ma bulle de s'enfoncer dans le cône de lumière noire. Entraînée dans un tourbillon de lettres étincelantes, alphabet dans le désordre, je m'abandonne au sentiment grandissant d'une définition de moi de plus en plus précise, d'une densité de plus en plus compacte. La vague sensation d'être passée au bistouri, modelée par une sorte de chirurgie sémiologique qui me fait devenir quelqu'un. Quelqu'une, plutôt. D'un genre clairement féminin, comme si, par goût, dès le départ, mon énergie avait pris possession de cette polarité de la bulle plutôt que de l'autre.

À la sortie de ce big bang personnel, l'univers est soudain cohérent, textuel, autour de lettres qui se combinent en signifiants, les sons en phrases. L'espace s'anime de personnages. Je perçois des mots, du langage sans langue particulière, une sorte d'espéranto cosmique.

Fin de l'indifférenciation sexuelle. Naissance d'une conscience ! Je suis toujours sans corps dans cette création, mais totalement individualisée !

À mes côtés, un autre « être », autre et pourtant si semblable à moi. La doublure masculine de mon vêtement semble faite du même tissu que son pardessus à lui, taillé sur l'envers, dans la substance même de mon féminin. Plus tard, pour bien le différencier de mes familles d'âmes sœurs, j'ai appelé âme-autre cet « autre » qui laisse en nous la trace de l'androgynat d'avant notre plongée dans l'espace-temps.

De nombreuses fois déjà, les nécessités de l'incarnation m'ont séparée de lui. Départs et retrouvailles aussi nombreux que les cernes incrustés sur le tronc d'un vieux chêne.

Arrêt sur image. Notre dernière séparation se rejoue sur l'écran de ma mémoire.

— Qu'est-ce qui ne va pas ? m'a-t-il demandé.

Point de dissimulation possible en ce lieu, aux confins du Temps où sentiments et pensées communiquent par résonance. Cette fois encore, il a suffi d'une trace de désarroi en moi pour susciter l'inquiétude de mon âme-autre.

— J'ai vu l'archange Gabriel.

— Tu dois donc partir ?

— Il se demandait si j'accepterais de descendre.

— Quand Gabriel entame ainsi les négociations, c'est que le départ est imminent.

— Je n'ai pas envie de rater ce tournant de civilisation même si, je le sais bien, tu ne viendras pas avec moi.

— Ce n'est pas mon temps. Mais ne sois pas triste. Si tu n'oublies pas notre amour tout ira bien. Préparons-nous au départ.

— Regarde, les parents que je me suis choisis s'apprêtent à faire l'amour. J'y vais. Après, je risque de perdre courage.

— Laisse-moi le temps de te dire au revoir.

Trop tard ! Déjà je virevolte dans le tourbillon descendant qui me fera naître, neuf mois plus tard, en plein XXe siècle, au sein d'une famille juive échouée après la Shoah dans une jolie ville de France.

Sur le chemin, la peur me prend. Et l'amour ? Qui va m'aimer comme mon âme-autre là-bas ?

Il me semble l'entendre répéter : ne t'inquiète pas, tout ira bien. Mais les sentiments, les paysages, les visages, les mémoires qui s'accrochent à moi dans ma descente m'empêchent de l'entendre clairement. Puis c'est l'impact. Une salve rugissante. Je viens d'être conçue.

— Es-tu encore là ?

— Oui. Tout est bien. Repose-toi.

Me reposer ! Dans notre univers de lumière, nous n'avions jamais besoin de repos. J'avais oublié combien ce monde pouvait être lourd à vivre.

Lorsque, quelques jours plus tard, encore tout imprégnée de la présence de mon âme-autre, j'émerge du choc de la conception, il fait sombre.

« Je n'aurais pas dû ! »

Une fois de plus le regret propre aux nostalgiques de l'ailleurs accompagne mon âme en voie de réincarnation. Nichée dans une matrice qui me ramène au bercement fusionnel de l'océan originel, je boude mon plaisir. L'intense travail de mes cellules a commencé. Mon corps d'humain prend forme.

Là, là, mon enfant, je suis là, tout va bien, chantonne une voix de femme.

Jour 3. Je me réveillai en pleurant.

Mes larmes coulèrent longtemps, charriant boue et scories d'un énorme chagrin. Soudain, sans rime ni raison, elles se tarirent. Je me retrouvai mystérieusement allégée d'une croix portée à bout de cœur depuis un temps immémorial. Tout devenait clair : ici-bas point d'absolu. Tout se conjugue à l'« imparfait ». La limitation. L'inachèvement. En cet instant, ce n'était plus une reconnaissance résignée ou une compréhension intellectuelle mais un fait. Une évidence, un lieu commun. Indiscutable. Non négociable. L'esprit même de la Loi qui dissout le fantasme de toute-puissance en même temps qu'il enraye le sentiment d'impuissance.

Dans un calme d'après tempête, mon cœur mille fois brûlé aux feux de la déception, de la trahison, aux flammes de rêves sans lendemain ressuscitait. Il échappait enfin aux glaces dans lesquelles je l'avais congelé pour le protéger.

D'accord pour embrasser la dualité et son éternelle ambiguïté ? D'accord pour souffrir d'amour plutôt que de ne pas aimer ? D'accord pour apprendre la langue étrangère de l'autre ? Prendre le risque de l'échec ? Dernières hésitations...

À choisir l'amour divin plutôt que l'amour humain je n'avais certes pas été déçue depuis dix ans, mais j'étais toujours malade d'amour, chaste prisonnière d'un inaccessible idéal amoureux. Quel homme pourrait jamais être à la hauteur de mon âme-autre ?

En « réalité », l'autre, imparfait comme nous-mêmes, ne

pourra jamais être « tout ». Aux deux sens du terme, il nous manquera toujours. Par peur que l'autre ne cesse un jour de me chercher, j'avais préféré ne plus jamais jouer à cache-cache. Coucou ! Le premier jeu qui fait rire les tout-petits aux éclats. Le seul que les amoureux ne doivent jamais cesser de jouer. Mais comment ne pas devenir triste, aigri lorsque nous n'avons plus personne à chercher, lorsque personne ne nous cherche plus ?

Malgré les mauvaises statistiques en matière de réussite d'amour humain, l'envie de dire oui commençait à me titiller. Oui, mais...

Oui, mais pour pouvoir aimer plutôt que rêver d'amour je devrais non seulement renoncer au Tout mais aussi au prince charmant, idéal de complémentarité parfaite. Cette pensée fit à nouveau couler mes larmes.

Au cours de la journée, des bouffées de colère m'envahirent à chaque fois que je tentai de me couper volontairement de ma moitié céleste. C'était bien la peine de la retrouver pour la quitter aussitôt ! Mon âme résistait. J'en voulais à O. de m'avoir initiée à une spiritualité de la relation. Quelle « moitié » humaine pourrait jamais rivaliser avec l'archétype de parfaite altérité que notre moitié d'âme originelle engramme dans nos cellules ?

Mais entre larmes et révolte, le message de ces trois jours ne me lâchait pas : il fallait guérir de sa nostalgie de l'ailleurs autant que de l'idéalisation de l'amour humain, sous peine de rester incapable d'engagement comme d'intimité. Il fallait aussi accepter avec humilité le besoin humain d'aimer et d'être aimé.

Un jour, je dirai oui à ma naissance.

Voilà pourquoi j'avais été ramenée par les anges à l'origine du Désir, à mon propre désir d'incarnation. Je devais me souvenir de la liberté qui nous est donnée de nous extirper du nirvâna cosmique.

En fin d'après-midi, le voile se leva enfin. Dire oui à sa naissance était la seule manière de dire oui à l'amour humain.

N'étais-je pas encore prisonnière du fameux traumatisme de la naissance, de l'humiliation d'une violence subie ? Je n'ai pas demandé à naître, dit-on, à être jaune, blanc, noir ou juif, allemand ou arabe... Le oui à l'existence marque la fin du combat contre le sentiment d'injustice. *Fin de la plainte* aussi. Personne à accuser de ses limites, de ses manques : enchaînement causal, leçons à apprendre, occasions, opportunités. CHOIX. En amont, en aval, à tout instant des choix qui orientent le cours de notre voyage d'âme. RESPONSABILITÉ TOTALE de notre histoire personnelle : fin de la violence contre soi et les autres.

L'origine de la violence n'est autre que la haine de l'origine.

Si nous n'avons aucune preuve d'une *divine origine*, nous n'avons aucune preuve non plus du contraire. Mon récit de l'origine vaut bien l'histoire des choux, des roses, de la cigogne ou du hasard biologique, me dis-je en m'entendant dire OUI.

Oui à ma naissance, hologramme de l'origine. Oui au monde et à mon avenir incertain ici-bas.

En cet instant, ma « chute » en incarnation se transforma en aventure, la fatalité dualiste en bénédiction.

La colère contre Dieu, contre la vie et sa solitude ontologique se dissipa tels des nuages dans un ciel redevenu bleu. La fatalité du naître s'était transformée en événement. De ce jour, je n'étais plus une victime contrainte à l'existence. Mon passé s'en éclairait autrement. Si j'avais subi certains faits, c'était que je ne leur avais pas encore donné le sens qui les élèverait au rang d'événements : *ce à partir de quoi notre monde se configure et notre aventure se décide.*

Oui aux amours imparfaites. Oui à l'autre. À mon frère en humanité. Oui à la découverte d'une altérité sensuelle dans les bras d'un amoureux. J'acceptai enfin de dire adieu à mon âme-autre. C'est bien décidé. Je reste. Aujourd'hui est le premier jour d'une nouvelle vie.

Ce fut en cet instant que symboliquement je remisai ma robe orange. Alliée enfin consentante du vivant, engagée volontaire à la responsabilité-pour-autrui.

Amen, que mon existence soit. Leḥaim, à la vie.

En même temps que le nouvel an 1992, je fêtai ma nouvelle alliance avec la vie.

Le réveillon passé avec Terry chez Joan, mes nouvelles amies canadiennes, avait le goût frais et acidulé des fruits verts. Une vitalité pure, allégée de toute mélancolie m'habitait. Elle pétillait du seul plaisir de vivre. Rien à voir avec la fébrilité qui, entre deux vagues de tristesse, m'en tenait lieu jusque-là.

Mes amies, émoustillées par ma récente rencontre avec les anges, en avaient profité pour m'arracher la promesse de les accompagner aux célébrations du « 11.11 ». Un événement capital pour l'évolution de l'humanité, aux dires d'une médium nommée S., soutenue par de nombreux astrologues et autres messagers canaliseurs* très en vogue à l'époque en Amérique du Nord. L'alignement planétaire du 11 janvier 1992 allait ouvrir un portail dans le champ zodiacal, consolider les ponts entres les sphères angéliques et la planète Terre.

11.1.92 – 9 + 2 étant égal à 11 – chiffre du renouveau –, ajouté aux trois premiers 1 – chiffre d'un nouveau départ –, on avait accolé à cette journée le code « 11.11 » digne de science-fiction, quatre traits verticaux censés rendre compte des nouveaux canaux de communication en cours d'ouverture.

S. invitait les gens à fêter par des danses les élargissements de conscience qui allaient forcément découler de la proximité annoncée des messagers ailés que depuis peu, contrairement à la plupart des humains raisonnables, je ne cantonnais plus au domaine de la fantaisie.

Joan et Terry, comme beaucoup de Canadiens soucieux d'honorer leurs racines amérindiennes, étaient très portées sur les célébrations en tout genre. Enchantées de se lier aux anges par des rituels, elles participaient religieusement aux préparatifs.

Quant à moi, trop heureuse d'avoir retrouvé une spiritualité dégagée de son carcan de cérémonial exalté et de rites compassés, j'avais tergiversé et finalement refusé de m'impliquer, prétextant le surplus de travail au magasin en période de Noël. Plus narquoise que convaincue, j'avais écouté leurs descriptions enthousiastes des danses « sacrées » qui, par leurs ondes de forme, allaient offrir un réceptacle puissant aux nouvelles énergies.

— L'union fait la force. Tu as bien participé aux méditations collectives de la « convergence harmonique », avaient-elles insisté.

Elles avaient raison.

En 1987, astrologues et visionnaires bien renseignés avaient souligné un aspect planétaire particulier le 16 août, considéré depuis comme la date de naissance du mouvement New Age. Ce jour-là, une forte propagation des énergies du Verseau, annonciatrices d'une humanité plus fraternelle que celle de l'ère finissante des Poissons, allait pénétrer le système solaire. Ils avaient appelé les gens à se regrouper dès l'aube afin d'accueillir en conscience les nouveaux courants, de leur servir de prise de terre en quelque sorte.

Ayant appris, par le plus grand des hasards, que les chutes du Niagara constituaient un des points de rassemblement, j'avais convaincu Stéphy, Eli et Talia d'en profiter pour découvrir les célèbres cascades.

Cascades ! Je n'avais pas la moindre idée du choc qui m'attendait.

Le soleil levant sur des trombes d'eau déferlant en rideau compact, rugissant et caressant tout à la fois, adoucissait de ses couleurs d'arc-en-ciel les lames bleu argent de cet océan vertical. Sans commune mesure avec tout ce que je pouvais connaître jusqu'alors des cascades, elles auraient bien mérité de figurer parmi les Sept Merveilles du monde.

La majesté de ce spectacle me rendit indulgente à l'égard de celui, plus surréaliste, du mini-Woodstock spirituel qui prenait place un peu partout autour de nous. Surprise de ne pas trouver risible le comportement de cette foule pittoresque, je me demandais à quoi attribuer ma bienveillance : aux nouveaux courants fraternels censés descendre en ce moment même, ou aux culbutes grandioses des chutes du Niagara qui relativisaient tout ? Toujours est-il que mon sens quelque peu parisien du ridicule n'eut aucune prise sur moi en ce jour finalement bien nommé de « convergence harmonique ». Stéphy elle-même souriait. Talia en était doublement détendue. Et Eli, d'habitude si critique à l'égard des dévots au sourire béat, ne trouvait rien à y redire.

La beauté des cascades, cependant, m'avait laissé une impression plus marquante que ce Nouvel Âge aux relents hippies dont l'ambiance bon enfant de méditations rythmées au djumbé ressemblait si peu à la solennité silencieuse de mes propres méditations.

— J'y suis allée parce qu'il y avait les chutes, avais-je répondu à Joan et Terry, mais m'enfermer maintenant dans une salle avec des gens qui ont besoin d'entrer en transe pour marquer un événement, ce n'est vraiment plus ma tasse de thé.

Pourtant, à la fin de notre joyeuse soirée de réveillon, débordante d'énergie, je me sentis l'envie de donner, de partager. Pas pour plaire, juste pour faire plaisir.

— Allez, c'est d'accord, je vous accompagne. Qui sait, ma nouvelle alliance avec la vie ici-bas a peut-être été consignée dans un dossier de lumière par un ange scribe ? Autant m'attirer les faveurs de l'administration angélique.

Quitte à parier comme Pascal, j'allais mettre toutes les chances de mon côté.

Le 11 janvier, traînant les pieds à leur suite, j'arrivai au lieu choisi pour les cérémonies qui débutaient à 11 heures, bien sûr. J'en profiterai pour observer de plus près ce Nouvel Âge américain, me disais-je.

Transformer une obligation en expérience pédagogique avait toujours réussi à piquer ma curiosité.

Cependant, devant l'assemblée d'une centaine de personnes habillées de blanc virginal, il me fallut faire appel à toute l'affection qui me liait à mes amies pour ne pas partir en courant. Je me forçai à être aimable face à la très, très souriante jeune fille qui déposa à notre arrivée une petite couronne de fleurs dorées sur nos têtes, à grimacer des salutations à l'adresse d'inconnus qui nous accueillaient comme s'ils nous connaissaient depuis toujours. Lorsque, sans sourire, je refusai d'entrer dans la ronde qui se mettait en place, Joan et Terry comprirent qu'il valait mieux ne pas insister.

C'est en ethnologue goguenarde que je regardais les participants se mouvoir lentement dans une gestuelle apprise les mois précédents à partir d'instructions canalisées par S. Celle-ci trônait sur une estrade au bout de la pièce, entourée de quelques privilégiés au visage extatique. La scène me ramenait à l'ashram. En partant au Canada j'avais laissé vide le piédestal sur lequel mes disciples m'avaient placée. À regarder les gens avancer à petits pas vers S., la saluer avant de faire demi-tour et traverser la salle en sens inverse, toujours à petits pas, et ainsi de suite pendant plus d'une heure, je soupirai de soulagement. J'avais rendu mon tablier d'icône et me jurai, là, de ne plus jamais le remettre.

S'il m'en restait une trace de regret, elle disparut à jamais dans les ondes relaxantes de la musique de l'ère à venir.

D'une voix suave, S. mit fin à la cérémonie en enjoignant les participants à se donner mutuellement un hug – mot intraduisible en français –, disons, une accolade chaleureuse, le câlin à l'américaine. Les sourires béats firent place à des éclats de rire aussi débordants de sentimentalité que les larmes qui jaillissaient allégrement.

Impossible de refuser les quelques hugs que vinrent me proposer certains, désireux probablement d'affirmer leur tolérance face à une fille trop rationnelle ou trop pudique ! J'étais, pour sûr, trop « vieille Europe » pour ce Nouvel Âge à la sensibilité aussi naïve. Mais comment ne pas ouvrir mes bras aux élans sincères de Joan et Terry, visiblement ébranlées par le rituel ? Comment ignorer la sensation de présences qui flottaient dans l'air ?

Avec diplomatie, j'attendis quelques jours pour expliquer mes réticences.

J'avais mis l'Atlantique entre mes élèves et moi afin d'enrayer les tentations dévotionnelles de mes aspirants disciples. Mon expérience de guide spirituel m'en avait montré les périls. J'en sortais relativement indemne. Ce n'était pas pour repartir dans des rituels de prêt-à-l'extase. Si le pouvoir magique des célébrations collectives assure la pérennité des communautés, spirituelles ou non, leurs leaders manquent souvent d'une éthique assez forte pour en conjurer les déviations, la tendance à endormir les cerveaux ou à éveiller des ferveurs fanatiques. Tout en reconnaissant la force fédératrice des cérémonies, j'en avais trop souvent vu les effets pervers pour ne pas m'en méfier.

Joan et Terry opposaient à mes arguments la simplicité, la convivialité, la chaleur du cœur qui caractérisaient les adeptes du New Age. Je convenais que cette dimension manquait à la spiritualité occidentale, souvent plus guindée, voire carrément coincée dans son expression. Mais pour le meilleur, elle en gagnait en rigueur métaphysique. Un peu honteuse néanmoins au souvenir de l'exigeante discipline que j'avais toujours réclamée de mes élèves, je décidai le soir même de les associer à l'événement.

L'Internet étant encore à venir, je téléphonai à l'ashram parisien. Sur un ton aussi léger que possible, je signalai à Astrid qui, depuis mon départ, en assurait la direction, la configuration zodiacale du 11 janvier, à charge pour elle d'en faire le meilleur usage. J'eus au bout du fil chacune des personnes présentes ce soir-là. À leur bavardage spontané, il apparaissait que mon éloignement avait libéré beaucoup de leur affection jadis enfermée dans les codes révérencieux du parfait petit disciple à l'ancienne. Je raccrochai, les larmes aux yeux.

Moi aussi j'avais changé.

— Il est certainement grand temps de repenser la raideur et l'affectation spirituelles, répondis-je à Joan et à Terry, mais au vu des petites couronnes et du romantisme ambiant autour de S., je m'inquiète d'un Nouvel Âge qui frôlerait la mièvrerie mystique ou la sacralisation idolâtre.

Notre discussion agitée sur la nécessité des rituels et leurs possibles dérives et sur les avantages d'un bon leadership se prolongea jusqu'à l'aube. Les premières lueurs du jour nous trouvèrent au moins d'accord sur un point : pour bâtir d'intéressantes passerelles entre leur approche de la spiritualité chamanique, plus émotionnelle, et mon approche initiatique, rationnelle et structurée, il fallait commencer par dépasser nos propres limitations mentales. Les miennes concernaient la canalisation, la réception en direct de messages d'anges ou autres entités invisibles. La banalité affligeante de certains textes canalisés insultait trop, à mon goût, l'intelligence cosmique. Il fallait certes donner sa place à l'intuition, à condition de la différencier de la pensée magique, un ressenti sans entendement. Inconcevable pour moi de faire l'économie de la logique kabbaliste : son côté pragmatique offrait un garde-fou à mes redoutables inspirations. Les réticences de Joan et de Terry portaient sur les limitations de l'intellect, la sécheresse de cœur et la paralysie émotionnelle des intoxiqués de sens et d'érudition.

Prendre du recul par rapport à des croyances sur lesquelles on est vissé comme sur un roc est la seule manière d'ouvrir honnêtement un débat. Ce que nous fîmes. In fine, notre trio se retrouva d'accord sur l'importance d'harmoniser le cœur et l'intellect. Ce rapprochement des contraires, du féminin et du masculin, serait pour l'avenir l'antidote aux dérives religieuses aussi bien qu'à l'absence catastrophique de sacré dans les sociétés modernes.

À l'aube de cette année 1992, je rentrai chez moi beaucoup moins réfractaire au Nouvel Âge annoncé. Je notai que les années passées dans le Nouveau Monde m'avaient bel et bien vaccinée contre des formes spirituelles aussi lézardées que les murs des temples anciens.

Le risque de m'engluer dans la ferveur sacralisée ou d'abandonner mon mental au nom de Dieu me semblait définitivement écarté. Ma robe orange était bien rangée. De ma vie de moniale, il me restait un sens aigu du sacré dont je me demandai, inquiète tout à coup, comment j'allais le vivre maintenant sans le soutien des fioritures rituelles qui l'alimentent traditionnellement.

Dès lors, j'attendis chaque soir avec impatience le moment où, à mon retour du magasin, j'allais remplir une théière, m'installer confortablement au salon pour entamer notre conversation téléphonique à trois, élucubrer avec délices des heures durant sur les messages canalisés que Terry soumettait au ressenti de Joan et à mon acuité intellectuelle.

D'autres soirs, j'apportais mes points d'interrogation à Yossi, le ḥassid loubavitch avec qui j'étudiais depuis près de deux ans. Il décortiquait pour moi les pages du Zohar*, la « bible » des kabbalistes. Je dévorais les best-sellers ésotériques qui inondaient le marché américain. Les questions qui en émergeaient faisaient le bonheur de mes discussions avec Joan et Terry.

La bonne volonté que nous mettions à nous apprivoiser consolidait notre amitié. Chacune commençait à se sentir à l'aise sur le territoire étranger de l'autre.

Cela me consolait de la distance qui me séparait de Raphaèle restée en France. Quelques mois après mon arrivée au Canada, nos factures téléphoniques nous avaient amenées à raccourcir les longues discussions qui soudaient notre relation depuis vingt ans. Elles se résumaient désormais aux informations basiques, sauf en cas de blues. Rétrospectivement, je mesurais l'influence bénéfique de notre compagnonnage sur ma compétence actuelle d'altérité avec mes nouvelles amies. Je notais que sur le principe les plaisirs de l'esprit pouvaient se goûter avec tout le monde. Ne constituaient-ils pas le fondement de l'*amicalité* ? Les délices du cœur semblaient s'y ajouter comme une condition facultative.

Il faut absolument différencier l'amour de l'amitié, me dis-je alors, quelque peu surprise de constater la confusion dans laquelle je les avais tenus jusque-là.

Les sentiments d'amour ne peuvent se forcer. Ils ouvrent à l'intimité, un partage fondé sur la vulnérabilité. Sans réciprocité, le déséquilibre qui en résulte n'occasionne que chagrin. Quoi de plus frustrant qu'un désir de proximité non partagé ? Quoi de plus déstabilisant que de se mettre à nu tout seul ?

Par ailleurs, le manque d'amitié, d'échanges intellectuels, de complicité dans la quête de sens n'est-il pas la cause principale de nombreux échecs amoureux ? J'imaginais le plaisir d'une relation amicale ou amoureuse qui laisserait une place égale à la pensée et aux émotions, à l'énergie-lumière de l'esprit autant qu'à l'énergie-cœur de l'âme.

À notre prochaine conversation téléphonique, je prendrai le temps de parler à Raphaèle, aux sentiments si retenus, de ce nouvel éclairage sur l'amitié, spirituelle par nature au sens où elle nourrit l'esprit, à distinguer de l'amour qui laisse l'âme parler dans sa langue propre : élans, chaleur, émotions et autres partages du cœur. Tant pis pour la facture !

Je n'imaginais pas la révolution que le concept *d'amour-amitié* provoquerait plus tard dans mes amitiés comme dans mes amours. Elle n'aurait d'égale que celle provoquée par la différence entre bonté et amour que j'avais dû faire quelques années plus tôt grâce à une mère bonne mais mal préparée à l'amour.

À mon insu, ce désir d'unir affection et plaisir de penser se vérifiait dans cette première expérience d'amour-amitié avec mes amies canadiennes. Notre détermination à le vivre honorait l'intelligence. L'amour magnifiait le pur et simple respect de nos divergences.

J'avais suffisamment libéré ma femme sauvage pour entrer en résonance avec l'intense émotivité de Joan, femme artiste d'avant-garde, sans aucun talent pour le compromis. Suffisamment souffert pour compatir avec la blonde Terry, aux blessures bien cachées sous une douceur trop affichée pour être véritablement sereine. Notre affectivité exubérante unie à un même attrait pour la quête de sens concoctait entre nous un savoureux mélange de sagesse et de tendresse. Cet élixir rétablissait la confiance de Joan et de Terry dans une métaphysique ouverte au questionnement. Pour ma part, il me rendait plus disposée à lâcher ma pudeur d'Européenne nourrie au code du savoir-vivre. Les élans démonstratifs des hugs ajoutés à la fraîcheur de Terry et à l'impudeur de Joan me rendaient le courage du cœur indispensable à l'amour.

La correspondance étymologique qui attribue la même racine aux mots cœur et courage ne relève pas d'un hasard sémantique.

Ensemble, nous avons commencé à rêver d'une transcendance qui n'écrase pas l'immanence mais l'ennoblisse, d'un chemin intérieur qui permette de faire l'expérience d'une souveraineté d'être sans devenir un refuge à la peur de l'autre et du monde. Le partage des sentiments ajouté à celui des idées atténuait miraculeusement les secrètes rivalités qui infiltrent tôt ou tard les amitiés.

À la fin de l'été 1992, Allan et Eli prirent la décision de déposer le bilan. Je leur cachai mon plaisir d'avoir tout loisir de poser les bases de la spiritualité relationnelle que nous élaborions avec Joan et Terry. Ce fut néanmoins avec tristesse que je fermai une dernière fois le magasin, non sans le remercier de l'occasion qu'il m'avait donnée d'ancrer mon âme dans la matière.

Côté vie privée, je commençais à rêver d'une sexualité qui fasse sourire les anges.

Fin novembre Stéphy qui, avec une diplomatie cousue de fil blanc, m'évitait depuis un an, profita de mon anniversaire pour m'appeler.

Pouvait-elle donner mon numéro de téléphone à Olga, une de ses amies que j'avais rencontrée quelquefois ? Celle-ci avait déjeuné dernièrement avec un de ses collègues de bureau, un directeur financier, célibataire, bel homme de surcroît, qui s'intéressait au yoga et à toutes ces choses. Il avait eu l'air très désireux de me rencontrer car lui aussi avait eu un maître spirituel qui avait séjourné en Inde.

— Je lui donne ton numéro de téléphone. C'est toujours bien de rencontrer de nouvelles personnes, déclara Stéphy avant que je n'aie eu le temps d'ouvrir la bouche.

Le ton cavalier de la cadette qui connaît la bonne marche à suivre éteignit d'un coup les petites lueurs que tant de synchronicités avaient d'abord allumées dans ma tête au sujet de Foster. C'était son prénom. Il était né en Angleterre. Arrivé au Canada à vingt-cinq ans. Il en avait aujourd'hui quarante-cinq.

Au dernier mot de Stéphy, mon système de défense, cette seconde nature aussi têtue et tenace que le lierre, avait totalement recouvert mon cœur. Je le forçai à la raison. Il fallait être cohérente avec ma déclaration officielle de retour au monde amoureux. Je ravalai donc mon « non, merci ».

— D'accord, Olga peut donner mon numéro de téléphone à ce monsieur. Mais, tu sais, ce n'est pas parce qu'il fait du yoga que c'est l'homme de ma vie, ne pus-je m'empêcher d'ironiser, ajoutant, en guise d'antidote, un claironnant « merci d'avoir appelé ».

Je raccrochai sans enthousiasme, de moins en moins convaincue par mon retour aux amours humaines, d'autant que les émotions sensuelles ravivées par Jimmy-Redford avaient maintenant le goût fade du champagne après la fête. Je commençais à douter de mon envie d'explorer un couple dans lequel l'âme ne se perdrait pas dans la danse des sens. Les moyens d'un tel prodige m'échappaient. Trop compliqué ! Les gens raisonnables avaient sans doute raison. La vie à deux n'était qu'une longue suite de compromis. Quelle folie de croire le contraire. Marche arrière toute ?

Un genre très particulier de dépression cosmique me tombait dessus.

La météo devait y être aussi pour beaucoup. La grisaille avait remplacé le chatoyant été indien. Les pluies glacées tombaient en abondance. Les premières chutes de neige n'étaient pas loin. Après m'être enivrée du plaisir d'être libérée des contraintes du magasin, les raisons de m'agiter s'étaient émoussées : ranger la maison, ratisser les feuilles mortes, refaire les réserves de mon immense congélateur, revoir des gens pour découvrir avec eux un nouveau restaurant... Je tournais en rond.

J'en étais là, lorsqu'un matin de janvier 1993 je fus réveillée en sursaut par une injonction quasi biblique : qu'as-tu fait de Paul ?

Paul ? Quel Paul ? L'amant de ma jeunesse estudiantine ?

L'horloge du temps recula brusquement de vingt ans.

— Qu'as-tu fait pour clore cette relation ?

Le son de la petite voix s'amplifiait.

À tâtons, je trouvai le bouton de ma lampe de chevet. Cinq heures. Personne dans la pièce, évidemment. Paul ? Passé les quelques minutes d'hébétude à retrouver ledit Paul dans les archives de ma mémoire, je me demandai si j'émergeais d'un rêve particulièrement bavard ou si « ça » recommençait. La visite angélique de l'hiver précédent n'était pas loin.

Le lendemain, cinq heures, même scénario.

D'accord. Allons voir de quoi il retourne. C'est vrai que je n'ai jamais revu Paul après cette dramatique nuit où il a tambouriné à ma porte en vue d'une énième réconciliation. Et alors ? C'est fini depuis longtemps ! Quel intérêt y a-t-il à revenir sur cette vieille histoire ? Alarmée néanmoins, j'eus du mal à me rendormir.

Le troisième matin, sans allumer la lumière, je me dressai et prêtai l'oreille. Du texte affluait dans ma tête.

— Tant que tu n'as pas pris acte de l'enjeu d'une rencontre, une liaison reste en suspens même après la rupture. Inaccomplie, l'histoire d'un couple maintient un quantum d'énergie en attente de compréhension et de conscience. La leçon évitée se représentera inévitablement au rendez-vous amoureux suivant.

Dix jours durant je fus ainsi réveillée à l'aube par des cours d'éducation relationnelle. Je finis par prendre des notes sur l'importance du commencement et de la fin d'une relation, l'enjeu initiatique d'une rencontre, le sens à lui donner pour ne pas se tromper d'amour, la part karmique d'une attraction, autant de thèmes qui, par la suite, constitueraient la base de l'enseignement que je mettrais en place sous le nom de la « Voie de l'amoureux ».

Au dire de mes professeurs invisibles, il devint évident que je n'avais pas donné suffisamment de sens à ma liaison avec Paul. J'en étais restée à la souffrance et au soulagement de me séparer du terrorisé de l'engagement qu'il était, conforme en cela aux passifs-agressifs qui m'attiraient à l'époque ! Spécialiste des avances qui n'engagent à rien, il s'était plu à me charmer pour son seul plaisir narcissique. Je m'étais amusée de sa séduction ambivalente tant qu'elle restait platonique. Il était marié. Je croyais jouer sans danger. Le jour où il m'a annoncé qu'il quittait sa femme, je me suis retrouvée prise au piège, confrontée à ma propre peur de m'engager. À la fin de notre histoire, j'ai cru que j'en avais fini avec la valse-hésitation : un pas en avant, trois pas en arrière, je te fuis quand tu t'approches et je te veux quand tu t'éloignes.

Fière de moi, j'avais archivé le dossier.

— Qu'as-tu quitté exactement en partant ? reprit avec insistance la petite voix.

— Ma fonction de trophée qui rendait Paul plus fier de moi qu'amoureux, répondis-je. Ainsi que le rôle de consolatrice qui s'offre en refuge aux amoureux déçus. Celle qui saura réussir là où les précédentes ont échoué.

— Mais tu n'as pas quitté ta colère contre les hommes.

Vingt ans plus tard, cette remarque nouait encore mon estomac. Le messager avait raison. Il n'y avait qu'à voir la méfiance chronique qui m'habitait depuis dix ans, défense anticipée contre tout rapprochement éventuel. Mes années de chasteté s'éclairaient d'un jour qui ne me plaisait guère.

— Passer du pourquoi au pour quoi en faire : tu as oublié que c'est ce qui transforme l'approche psychologique des faits en thérapie initiatique. Un kabbaliste ne se contente pas d'analyser les raisons d'un échec. Il cherche quel inaccompli en lui a attiré tel événement ou telle personne dans sa vie. C'est alors qu'il peut engager ses énergies dans la réparation, le tikkoun, qui permet un véritable renouvellement de soi, au lieu de s'enfermer dans la position de victime qui ressasse ce que l'autre devrait comprendre, les leçons qu'il devrait tirer de son échec.

Trouver du sens à son passé amoureux permet sûrement de donner tort à l'adage « plus ça change, plus c'est la même chose », me dis-je.

La voix confirma : revisiter un chemin parcouru est la seule manière de se rendre compte des inaccomplis de son propre parcours. C'est pourquoi la techouva, le retournement, est un mot qui signifie en même temps retour, repentir et réponse. À elle seule la récapitulation tient lieu de rédemption, à condition, évidemment, de sacrifier en chemin les bénéfices secondaires de nos anciens fonctionnements. Il y en a toujours. Qui perd gagne, comme dit le dicton.

J'aimais cette logique de bon sens, soulignant que nous ne pouvons prendre une nouvelle direction qu'une fois revenus au croisement où nous nous sommes trompés de route. Elle m'offrait le moyen de me réapproprier une liberté fortement limitée par la loi de causalité, la théorie du karma à laquelle m'avait habituée la philosophie indienne.

J'étais partante pour revenir sur mes séparations.

— La dualité imprime ses contraintes sur les commencements mais aussi sur les fins.

— C'est-à-dire ?

Forte de ma bonne volonté, la petite voix s'expliqua.

— Si l'on est deux dans une rencontre, on est aussi deux dans la rupture.

L'idée que l'on ne peut pas faire la paix tout seul ni clore un dossier commun sans l'autre mit un sérieux bémol à mon enthousiasme. Si l'autre se retire, s'absente, prend ses distances, nous n'en demeurons pas moins, l'un et l'autre, dans la barque de notre interdépendance énergétique, me dis-je, quelque peu perturbée.

— Conséquence logique de la réalité d'un univers de six milliards et plus d'individus, tous liés les uns aux autres, qui atteste le côté illusoire d'une rupture. On ne peut que bien s'éloigner, jamais se quitter.

« Dis-moi comment je m'éloigne ! » C'était le mieux que l'on puisse faire, au lieu de s'entre-déchirer ou – et c'était pour moi le plus révoltant – de se croire libre une fois qu'on avait claqué la porte.

— Tout comme s'approcher, s'éloigner correctement s'apprend aussi, rajouta la petite voix sur un ton insistant qui m'invitait à passer à l'apprentissage.

La chèvre attachée à son piquet se croit libre jusqu'au moment où ses soubresauts l'amènent au bout de sa corde, aussi longue soit-elle, disait souvent O. J'en ris jaune toute seule. Je voyais d'ici la tête des désillusionnés arrivés au bout d'une corde oubliée. En même temps, si quelqu'un m'abandonne, me laissant « au piquet », il ne pourra jamais rompre avec moi, sans moi ! On peut même l'aimer malgré lui, observais-je. La rupture, comme la paix véritable, n'étant qu'une entente renouvelée, une distance partagée, il valait mieux en effet qu'elle soit vécue en conscience et de préférence d'un commun accord. Cela évite des retours d'élastique ou des tiraillements indésirables quand l'un ou l'autre continue à manipuler la ficelle.

— Et que faire lorsqu'on ne sait même plus où sont passés nos ex, ou que l'un d'eux refuse d'en finir avec nous ?

La curiosité qui me poussait à poser cette question à Dieu sait quel guide invisible me précipita dans une récapitulation accélérée de mes amours mortes, que je croyais enterrées.

O.K., allons-y ! Qu'« on » m'explique comment bien finir une relation.

Cinq heures, le jour suivant.

Amants disparus, élèves fâchés, amis perdus : une foule de fantômes se pressait dans ma tête. Sous l'impulsion de mes enseignants, petites voix de la conscience dont certaines, qui sait, d'origine angélique, je passai en revue mes ruptures, retrouvant, pas toujours fière de moi, les dossiers inachevés de mon itinéraire sentimental.

Les messagers m'avaient expliqué que mettre au jour nos lacunes relationnelles passées permet de poser de nouvelles intentions qui orientent notre futur dans le sens désiré. À l'idée de cocréer ainsi mon avenir, je débordais de zèle.

Je saurai enfin mieux reconnaître le « bon » parti, me disais-je, trop contente de pouvoir faire l'économie des rencontres qu'on transforme inutilement en relations. Il suffit, avaient-ils précisé, d'utiliser les informations dont les premiers échanges sont porteurs. L'enjeu étant découvert, on peut poser des actes nouveaux dans notre existence au lieu de s'engager dans un couple de guérison. Nous enjambons ainsi la douleur de la répétition que ramènent nos anciens sacs de nœuds dans de nouvelles unions.

— C'est lorsque nous adoptons sans effort de nouveaux comportements qu'une gestalt – le cycle d'une expérience – est classée. Le naturel confirme la mutation qui clôt un processus de transformation. Jeu dialectique entre l'*effort et la grâce.*

Ce fut le dernier cours de la série. Six jours plus tard, mon réveil sonna à l'heure habituelle. Mon engagement sur la Voie de l'amoureux commençait. J'allais en élaborer la philosophie, l'oreille tendue à l'écoute des messages de mon inconscient et du cosmos. *Lire sa vie* pour la cocréer avec l'univers, accomplir de l'inaccompli : j'embrassais la manière kabbaliste de transformer les faits en événements, de donner un sens à mon existence.

Je n'avais plus qu'une envie : développer mon aptitude à entendre les informations véhiculées par l'Invisible. Signes et coïncidences qui permettent de mieux évaluer l'enjeu de nos rencontres.

Les jours suivants, je me réveillai vers cinq heures du matin, en attente d'inspirations, de nouvelles matières à réflexion. Silence radio. Les anges me manquaient déjà.

Après avoir regretté leur absence, j'appréciai leur silence comme une offrande à ma liberté, celle d'interpréter le texte de mon existence. C'est à nous qu'il incombe de donner du sens à ce qui nous arrive sans tomber dans la superstition ou l'idolâtrie. Il ne s'agit pas de transformer le moindre signe en parole d'évangile mais de cocréer avec les petites voix, toujours prêtes à délivrer messages et informations à ceux qui ont des oreilles pour entendre et surtout le désir de recevoir.

L'interprétation ! privilège souverain de l'esprit.

Je consignai les enseignements enregistrés dans mon subconscient sur quelques pages, principalement la liste des amants dont les messagers m'avaient amenée à m'éloigner pacifiquement. Ils m'avaient révélé les moyens de le faire en l'absence physique de partenaires que je n'avais pas la moindre envie de revoir. Un processus au bout duquel il fallait remercier ses anciens amoureux. Quels que soient les mauvais souvenirs qu'ils laissent, ils donnent toujours l'occasion de dépasser l'une ou l'autre de ses limites.

Dans une entreprise, « remercier » quelqu'un signifie en prendre congé. Il en va de même dans nos relations, m'avaient expliqué les anges. Ainsi, au double sens du terme, le remerciement marque la reconnaissance de la *guérison du cœur* à laquelle nos ex ont participé, laissant derrière eux plus ou moins de pots cassés. Il permet aussi un éloignement sans amertume ni confusion entre rupture et coupure.

Leçon apprise. Renouvellement possible !

Les jours suivants, poussée par une nécessité intérieure, j'entamai l'écriture de *Dis-moi si je m'approche*, le premier livre-témoignage de mon parcours.

Moi qui n'avais jamais écrit de journal intime, je retrouvai néanmoins sans effort les ambiances, les détails de mon passé. Il me suffisait de me mettre sur la longueur d'onde de la personne, de l'événement à relater. Mon oreille intérieure s'était affinée. Libérer la force de vie levait les blocages de communication. J'avais découvert la clé de l'autonomie du sujet parlant !

Mon oui à la vie, victoire certaine sur les pulsions mortifères, m'avait ouvert les portes de l'immense messagerie de l'univers, d'un inconscient infini que les laïcs de bonne foi réduisent à l'inconscient freudien, refusant l'idée d'une superconscience, la dimension lumineuse d'un inconscient qui engloberait ombres et lumières, qui exprimerait la voix de nos démons comme celles de nos anges !

Anges. Les éléments d'un rêve, les souvenirs ne sont-ils pas, eux aussi, des messagers ? On peut finalement appeler « ange » tout matériau nous délivrant une information qui nous frappe comme un oracle.

Ange : une matière subtilement réflective qui donne matière à réflexion en quelque sorte, une énergie structurée comme un langage au même titre que les lapsus, les actes manqués, etc.

Mon interprétation ne résout peut-être pas tout le mystère

d'un invisible peuplé, mais elle donne une cohérence à la sensation de présences, voix, visions ou simples perceptions dont ont témoigné mystiques et prophètes, poètes et penseurs issus d'horizons les plus divers.

Coïncidence ou hasard, c'est à partir de l'année 1992 que les librairies canadiennes et américaines se sont remplies de livres sur les anges. En France, dès 1976, bien avant la vogue angélique made in USA, les *Dialogues avec l'ange* étaient devenus le premier best-seller sur les anges grâce à l'intuition courageuse de Claude Mettra, producteur de France Culture. Vint ensuite l'effet 1992 : le magnifique livre d'art et de philosophie de Michel Serres, *La Légende des anges*. Et en 2000 *L'Empire des anges* de Bernard Werber a très vite grimpé dans les meilleures ventes. Les anges y restent des personnages de fiction mais un grand nombre d'hypothèses audacieuses n'ont-elles pas été pressenties par les Jules Verne de la science-fiction ? C'est probablement ce qui a fait dire un jour à Jacques Lacan, visionnaire à sa façon : *Pour moi, la seule science vraie, sérieuse, à suivre, c'est la science-fiction.*

Après tout, la psychanalyse a elle aussi pris beaucoup de temps pour passer d'une hypothèse apparemment irrationnelle aux sciences humaines. Et s'il est maintenant admis que l'inconscient parle, pourquoi le cosmos serait-il silencieux ? Son « langage des oiseaux » s'offre tout autant à l'interprétation, si l'on veut bien inscrire ses messages dans une logique aussi implacable que celle de l'inconscient.

Si j'avais pu il y a neuf ans placer ma rencontre avec les anges dans cette perspective sémantique de l'Invisible, si claire pour moi depuis, j'aurais sûrement osé raconter à la psy de Susan mes propres dialogues avec l'ange sans craindre qu'elle ne me trouve bonne pour le Clarke Institute, l'hôpital Sainte-Anne de Toronto.

Je n'avais évidemment pas pipé mot des petites voix qui m'avaient préparée à l'arrivée de Foster. Dommage. Avec son soutien d'analyste, je serais sûrement arrivée plus vite à l'hypothèse qui m'éblouit maintenant : l'inconscient n'est pas seulement un réservoir d'ombres effrayantes à traverser mais aussi celui de nos aspirations au sublime, à la noblesse de l'amour, à la grandeur d'âme, aux élans mystiques, en un mot, au sens du sacré !

Pour que ce refoulé de lumière fasse retour, il faut se préparer à être ébloui, à supporter la joie. Analyser non seulement notre passé mais aussi la peur d'un avenir heureux et la résistance chronique au plaisir d'une culture plombée par le péché originel et influencée par des spiritualités qui subissent l'incarnation comme un passage obligé, presque honteux, dans une vallée de larmes.

Fin janvier, j'accueillis avec enthousiasme la proposition de Susan, toujours attentive à faire partager les bienfaits que la vie lui avait octroyés. Ainsi de sa psy et de l'appartement qu'elle et son mari possédaient à Nassau, une des plus belles plages des Bahamas. Il était libre tout de suite. Elle le mettait à ma disposition. Les humains aussi peuvent être des anges : des messagers !

— Il y a suffisamment de place pour y aller avec des copines, si tu veux, avait-elle ajouté généreusement.

Mazité, leur femme de service, m'y attendrait et me remettrait les clés. Elle passerait deux fois dans la semaine pour faire le ménage et alimenter la réserve d'eau potable.

J'avais immédiatement appelé Joan et Terry.

— Partir pour dix jours nous changerait de la neige et des températures sibériennes. Non ?

C'était O.K. pour Terry si leur grand-mère acceptait de garder ses deux garçons. Idem pour Joan si elle réussissait à repousser d'une semaine les répétitions de sa pièce de théâtre. Deux coups de fil. Aucun problème. La route des Bahamas nous était ouverte.

Lorsque les obstacles disparaissent ainsi, que synchronicité et coïncidences s'enchaînent comme par magie, on sait qu'un projet est béni des dieux.

Le 13 février 1993, veille du départ, alors que je bouclais mes valises, le téléphone sonna. C'était Jimmy.

En dépit de mes nombreuses tentatives de rupture, il n'avait cessé de m'appeler. Nous étions faits pour nous entendre, ainsi en avait-il décidé, ainsi devait-il en être.

Avec moult précautions, je tentai pour la énième fois de naviguer autour de la susceptibilité qui le rendait sourd à l'éventualité même d'un rejet de ma part.

— J'aimerais vraiment que tu n'appelles plus. Oui, plus du tout. Non, même pas pour me demander JUSTE d'aller au cinéma. Ni pour me demander JUSTE comment je vais.

Un double appel me sauva de la longue tirade confuse au cours de laquelle, en guise de réponse, il s'écoutait me décrire notre évident bonheur à venir.

— Une seconde, s'il te plaît. J'ai un autre appel.

Il me fallut un instant pour faire le lien entre la voix inconnue et le séduisant financier yogi à qui Olga, l'amie de Stéphy, avait donné mon numéro de téléphone.

— Ah oui, bien sûr. Pouvez-vous rester en ligne ? J'ai juste quelque chose à terminer sur l'autre ligne.

Je ne pouvais mieux dire. Le comique de la situation, ajouté au sentiment d'une intervention providentielle, me ramena plus légère vers Jimmy. Était-ce le rire retenu qui donnait un ton de blague à ma voix ou sa vexation d'avoir eu à partager la ligne avec un rival ? Toujours est-il qu'il raccrocha en disant tout simplement O.K., it's over – c'est fini.

Il me sembla qu'il avait marmonné quelque chose à propos d'un porte-monnaie qu'il m'avait acheté et qu'il m'apporterait à mon retour des Bahamas. La fin se perdit dans mon total désintérêt à savoir pourquoi diable il m'avait acheté un porte-monnaie.

Je passai en souriant à mon second correspondant, non sans avoir enregistré que diplomatie et prévenance fonctionnent mal avec des hommes comme Jimmy, de la catégorie des doux-tyrans, spécialistes de la dénégation et qui n'ont pas besoin d'interlocuteurs pour avoir raison. Ils pensent tout seuls, gomment instantanément les pensées qui les dérangent et nient même dur comme fer les avoir jamais pensées. Ainsi, c'est de toute bonne foi qu'ils sont de mauvaise foi.

Première leçon de mon retour aux amours humaines.

Foster avait une voix agréable. Il me souhaita de bonnes vacances. Il rappellerait à la fin du mois. Sur cette perspective prometteuse, je m'envolai avec Joan et Terry vers le soleil, le cœur en attente, déjà palpitant.

Loin des couches de neige qui couvraient Toronto depuis des mois, l'espace coloré dans lequel nous atterrîmes mit instantanément nos âmes en fête.

Mazité était au rendez-vous, de même que les palmiers et l'air chaud. Elle pouvait, nous annonça-t-elle avec son savoureux accent des îles, nous apporter des conques et autres poissons ou fruits de mer fraîchement pêchés par des amis à elle, et même les cuisiner si nous le souhaitions. Bien sûr que nous le souhaitions !

Après nous être réparti les trois chambres et les deux superbes salles de bains, nous nous laissâmes tomber avec volupté dans les vastes fauteuils de l'immense salon afin de mieux déguster notre chance d'être arrivées au paradis. Le soir aux tonalités flamboyantes tombait. Il faudrait attendre le lendemain pour jouir de la vue sur la mer, découvrir la piscine, le tennis et le parc du domaine privé.

Avant de nous coucher, fidèles à la quête de sens qui nous avait rapprochées depuis plus d'un an, nous prîmes le temps de nous demander quel était l'enjeu initiatique de notre premier partage de proximité.

Très vite nous tombâmes sur l'obstacle qui nous attendait : nous allions devoir vivre avec nos différences du matin au soir, et pas seulement en débattre. Pour autant que nos grilles de lecture fussent complémentaires, elles étaient la substance même du défi qui nous attendait. Comment allions-nous harmoniser la lucidité qui m'empêchait de me détendre tout à fait avec la nonchalance d'une Terry toujours flottante entre deux réalités et la susceptibilité masquée de l'artiste introvertie qu'était Joan ? Exigence, indolence et égocentrisme... le cocktail pouvait être explosif !

Saurions-nous accepter, sans entrer en rivalité, les défauts des qualités de chacune ? Sur quelles humiliations passées, sur quel besoin de reconnaissance frustré allaient buter nos limitations d'ego et l'affirmation de nos talents ?

Les amis se blessent souvent dans l'encombrant apprentissage de l'altérité où l'autre demeure à jamais un inconnu. Sans amour, nous risquions le rapport de forces. Et dans tout bras de fer il y a deux perdants.

— C'est la solidité de la valeur de soi qui est testée dans l'amitié. Cette semaine va nous permettre d'évaluer la nôtre, laissai-je tomber avec un soupir entendu.

Nous nous connaissions suffisamment pour savoir que nos fortes personnalités masquaient de sérieuses blessures de guerre en ce domaine. Dans mon for intérieur, je me demandais si les leurs étaient aussi bien cicatrisées que les miennes.

Entre B., mon analyste, le swami V., mon guru pendant dix ans, puis maître O., j'avais eu assez d'opportunités pour analyser et pacifier mon rapport aux supérieurs en tout genre. Sans compter l'épreuve de réalité de ma propre relation d'enseignante avec mes élèves. Entre transferts et prises de conscience, j'avais déjà fait un grand tour des joies et déviations possibles de chaque côté de la barrière de l'autorité. Disciple par nature, j'étais à l'aise avec l'esprit de la Loi. Si, comme le suggère la tradition christique, l'amour accomplit la Loi, la totale ouverture de mon chakra cardiaque était mon challenge personnel. J'aspirais à une douceur féminine qui équilibrerait ma force masculine mais j'avais déjà bien guéri, grâce à de bons pères de transfert, le « fils » non reconnu en moi.

Mes deux amies, elles, s'étaient laissé emberlificoter, très jeunes, dans une sorte de secte. Les abus sexuels feutrés qui s'y pratiquaient, sous la bénédiction d'un maître à la sagesse tordue, les avaient rendues méfiantes face à la moindre manifestation d'autorité. Si elles admettaient l'existence de charlatans charismatiques et pervers dans tous les milieux, leur idéalisation de la spiritualité rendait un guru plus coupable que quiconque.

— Quand on se targue de connexion divine, c'est pire ! affirmaient-elles du ton vexé de celui qui s'est laissé soigner par un dentiste édenté.

Elles avaient reconnu qu'une part de leur attirance pour moi venait de mon histoire positive en ce domaine. N'avais-je pas eu le courage de m'éloigner d'apprentis disciples devenus trop dévotionnels, de m'éloigner toute seule du trône sur lequel ils me mettaient ? Elles m'en accordaient un crédit de confiance, mais mon statut de swami me mettait néanmoins en situation de servir d'objet de transfert au fils blessé et rebelle qui saignait encore en elles.

J'exprimai mes craintes.

— En famille, j'ai déjà assez souffert de gens qui à la fois veulent et ne veulent pas des lumières de l'autre, qui se sentent humiliés à la seule idée d'apprendre quelque chose de quelqu'un. « La vérité vous affranchira mais ne vous gagnera pas d'amis. » Ce petit poster offert par mon beau-frère à mon dernier anniversaire exprime bien l'agacement qu'il éprouve, comme tous les doux-tyrans, à se sentir percé à jour sous mon regard. Jusqu'aux toilettes, dit-il. Au début, Stéphy et lui trouvaient excitant de se découvrir dans les miroirs que je leur offrais. Maintenant, ils se sentent bousculés, voire vexés par les inaccomplis à accomplir qu'ils découvrent en eux. Je ne suis plus que leur mauvaise conscience. Du coup ils me tiennent éloignée et je me sens victime d'injustice. Avec certains de mes élèves aussi, j'ai souffert de ce sentiment de rejet, voire de destitution, mais je le prenais moins à cœur. Il fait partie des grandeurs et servitudes pédagogiques. Là où cela se complique, c'est avec les amis. On ne peut pas arrêter sur commande d'être qui on est ni de savoir ce qu'on sait. C'est comme si mon « métier » de guru m'interdisait l'amitié. Avec vous, j'aimerais pouvoir être naturelle. Je n'ai pas envie d'avoir à brider mon enthousiasme, à freiner mes convictions, de peur que vous ne vous sentiez « patronized » – un mot qu'elles utilisaient souvent pour exprimer le sentiment d'être sous tutelle, avec ce qu'il évoquait de condescendance, de dédain à leur égard.

— Avec toi, on se sent tranquilles. Mais ne t'inquiète pas, si tu dérapes on te le dit tout de suite.

— Et moi je vous avertis si dans nos discussions je sens que vous oubliez l'affection qui nous lie. Exprimer sans délai un malaise conjure la compétition qui hante les joutes intellectuelles. Nous devrions pouvoir ne pas être d'accord sans chercher à avoir raison l'une contre l'autre et sans oublier qu'on s'aime bien.

Je rêvais à haute voix l'idée d'amour-amitié que je découvrais avec elles. La possible union entre la clarté de l'esprit et la chaleur de l'âme, le cœur et l'intellect, se précisait à mesure que je parlais.

— Ce serait une amitié dans laquelle les inégalités de conscience et de savoir seraient admises sans amertume, en même temps que la relation serait assumée sur le plan émotionnel. S'éclairer mutuellement tout en restant attentives aux failles de l'autre : ce sera la mission quasi impossible de notre séjour. Le nouveau en ce domaine consiste à bâtir un pont entre la contrainte hiérarchique et l'amour, libre par essence. L'égalité n'existe pas. On ne peut que s'exercer à changer à tout moment de polarité entre celui qui sait et celui qui apprend, et se tenir la main pour franchir ensemble les obstacles qui se présentent en chemin.

— Ça va être génial d'essayer, en toute conscience et liberté, ponctuèrent avec enthousiasme Joan et Terry.

— À condition de ne pas perdre de vue ce que j'appelle le syndrome du guru. Le petit chef en nous qui veut toujours avoir raison, le mentor assoiffé de reconnaissance, va sûrement pointer le bout du nez, ai-je conclu, aussi excitée qu'elles à la perspective de transformer ce qu'il pouvait rester de négatif dans mes énergies masculines.

Compagnes d'étude autant que de cœur : nos dix jours de proximité allaient tenir lieu d'examen de passage.

Au terme de cette première soirée aux Bahamas, nous nous engageâmes à l'immédiateté, à exprimer sans attendre nos ressentis pour le meilleur et pour le pire, et à nous écouter sans retrait ni agressivité lorsque nous ne serions pas d'accord. Les rires masquèrent tant bien que mal la solennité anxieuse avec laquelle, tels trois mousquetaires, nous portâmes un toast à l'amour-amitié, faisant le serment de ne pas laisser notre ego ou notre orgueil gâcher notre séjour.

Le silence qui suivit ne laissa aucun doute sur le poids de nos « moi » blessés par les sentiments d'injustice et d'humiliation. Nos mémoires entraient en résonance avec les empreintes personnelles du complexe d'infériorité, du besoin d'être reconnu. Notre désir d'épurer notre masculin donnait à nos inconscients l'autorisation de lâcher la violence refoulée en nous, faite ou subie.

La semaine s'annonçait intense. Nos esprits s'en réjouissaient. Nos âmes tremblaient.

Le lendemain matin, nous partageâmes dans la bonne humeur le copieux petit déjeuner laissé par Mazité. La vue panoramique sur l'océan émeraude, le parc luxuriant, la piscine privée de l'immeuble, les deux courts de tennis inoccupés et les chaises longues désertes avaient noyé nos craintes de la veille.

Nous partageâmes les impressions émergées de la nuit.

Ce premier échange mit Terry et Joan d'accord sur ce qu'elles considéraient comme leur tâche de la semaine : me préparer à la rencontre avec Foster.

— Ce n'est pas urgent. Nous ferions mieux d'approfondir la question de l'amour-amitié, maugréai-je.

— L'urgence, c'est de lâcher ton perfectionnisme spirituel qui ne laisse aucune chance à un pauvre humain de s'approcher de toi, clamèrent-elles en chœur.

— Ça va mieux, puisque je suis prête à en prendre le risque.

— Oui, mais tu y vas avec ton vieux schéma, répliqua Joan, en veine d'inspiration. Tu en veux aux gens, à tes élèves, à ta sœur qui ne changent pas assez vite, qui grimpent trop lentement sur les hauteurs métaphysiques, mais tu ne te rends pas compte que tes éclairs de compréhension les épuisent, ta lucidité, tournée sur eux comme un projecteur qui ne s'éteint que quand tu dors, et encore, les achève. Il n'y a qu'à voir ce pauvre Jimmy. Au bout de quinze jours, il ne savait plus où donner de la tête. Les gens n'aiment pas se sentir largués. Et toi tu te rends malade parce qu'ils préfèrent s'éloigner plutôt que de se remettre en question à ton rythme. À chacun sa vitesse d'évolution. Confronter ta spiritualité à une relation amoureuse est l'enjeu de ta nouvelle vie. Les anges te l'ont bien montré. Après tout le travail qu'ils t'ont fait faire pour clore tes histoires précédentes, je ne peux pas croire que ce Foster arrive par hasard, conclut Joan sur un ton provocateur. Tu es sûre que tu n'es pas en train de te défiler ?

Elle m'en voulait encore de n'avoir pas été plus cool, comme elle disait, avec Jimmy. D'après elle, j'aurais dû m'offrir un petit apéritif sexuel en attendant « le bon », sans craindre que le ciel ne me tombe sur la tête.

— Autant je suis sûre de mon envie de rencontre, Joan, autant je me méfie de mon manque de discernement. Je suis tellement sensible à la beauté qu'il a suffi que Jimmy soit bel homme pour enflammer ma libido – bon, pour ma défense, il était très, très beau. Tu voudrais maintenant que je fantasme sur l'âme sœur avec ce Foster, un parfait inconnu, simplement parce qu'il a eu un maître spirituel et qu'il a une belle voix ? Je ne vais pas m'enticher du premier venu juste pour remplir mon contrat ! Il faut tout de même un minimum de valeurs communes pour s'entendre avec quelqu'un. Les battements de cœur, comme chacun l'aura remarqué, ne suffisent pas à bien vivre en couple. Rien ne dit que ce Foster ait le moindre intérêt.

Soutenue par Terry, elle n'eut pas grand mal à débusquer la peur de me tromper qui freinait mon excitation à l'idée du rendez-vous qui m'attendait à Toronto.

— Surtout que les anges m'ont lâchée, ajoutai-je.

— T'inquiète pas, s'ils l'ont fait, c'est que tu es prête. Nos épreuves sont adaptées à ce que nous sommes capables de supporter. Tu nous l'as dit toi-même. Maintenant tu dois te confronter au test de réalité. Les anges ne peuvent pas passer les examens à ta place.

Elles étaient d'autant plus convaincantes qu'elles me renvoyaient mes propres thèses. J'avais déjà compris que, comme de véritables maîtres, les guides invisibles nous mettent dans la direction d'un possible futur. Ensuite, à l'image du dieu de la Genèse qui s'est retiré le septième jour, ils nous laissent le champ libre. Les messagers, qu'on les appelle anges, inspirations ou « hasards », ces diverses faces d'un dieu qui communique, nous proposent des thèmes de réflexion. À nous ensuite d'écrire, dans une liberté restreinte non par le ciel mais par nos propres limites, les prochains chapitres de notre histoire. Sans ce pouvoir d'interprétation nous serions des robots.

Il était normal d'avoir peur... et il fallait y aller quand même, ne serait-ce que pour braver l'angoisse qui me serrait la gorge chaque fois que je devais accorder un crédit de confiance à un humain.

— C'est déjà vrai avec vous dans le cadre de l'amitié, alors, quand l'autre est un étranger, de sexe mâle qui plus est, je ne vous dis pas la trouille, soupirai-je en conclusion.

— J'ai une idée, claironna Terry. Pour savoir si ce Foster colle à tes valeurs, tu dois les préciser. Quand il arrivera, cela te sera plus facile de voir s'il mérite tes faveurs. Voici ce que je te propose. Joan et moi allons te poser des questions liées aux différentes caractéristiques de l'être humain et tu pourras dresser la liste, dans chaque domaine, des qualités que tu attends d'un homme. On va prendre les sept chakras, les centres énergétiques du corps, comme référence pour conduire l'interrogatoire, ce sera plus facile. Installons-nous sur les chaises longues au bord de la piscine avec un magnétophone, comme ça on joindra l'utile à l'agréable.

Son plan nous parut génial. Gloussant comme des collégiennes, nous nous changeâmes à toute vitesse. Un petit plongeon dans les vagues vertes et lumineuses pour dire bonjour à l'océan. L'iode ajoutant son pouvoir euphorisant à notre folle envie d'explorer les chakras comme outil de discernement amoureux, nous décidâmes de rendre un peu de sérieux initiatique au processus en consacrant ce premier bain au nettoyage préalable de nos antennes subtiles.

Nous étions confortablement allongées sur les chaises longues. Terry mit le magnétophone en marche. Encadrée par les bonnes volontés de mes deux complices, je m'offris en victime consentante à l'interrogatoire.

Ça tourne.

Premier chakra : physiquement, tu le voudrais comment ?

Pincement immédiat. Malaise. Combien de fois ma faiblesse pour la beauté masculine m'avait-elle entraînée dans des aventures qui s'étaient révélées décevantes pour mon âme ? Une inclination encore active, si j'en croyais mon engouement purement adrénalien pour Jimmy. Je jouai l'indifférente : son physique n'a pas tellement d'importance.

Ce n'est que bien plus tard que la découverte du concept levinassien de *visage* m'a fait comprendre que la véritable beauté n'était pas affaire de beaux traits. Ellc naît de la lumière qui illumine la face humaine lorsque *Dieu vient à l'esprit*, lorsque l'homme entre en contact avec son âme. *L'expression de l'infini, c'est le visage*, commente Jacques Derrida. Malgré ma récente réconciliation avec mon incarnation, je n'avais pas encore fait le lien entre mon sens esthétique exacerbé et la nostalgie de l'ailleurs, mémoire de pure beauté. Ma réponse hypocrite annonçait de sérieux travaux d'éclaircissement sur la question. Mais sur l'instant, ni Terry, ni surtout Joan, aussi intoxiquée que moi à la belle apparence, n'étaient capables de me pousser dans mes retranchements.

Deuxième chakra : sur le plan affectif ? Plutôt extraverti ou introverti ?

— Un qui exprime ses peurs, ses émotions. Pas un taiseux comme mon père. Ça c'est sûr. Il faut qu'il soit en même temps délicat, avec un côté féminin, mais viril quand même, pas macho pour autant.

Je tentais vainement de mettre en mots que le rapport entre l'homme et la femme ne pouvait être que le reflet direct du rapport intérieur de chacun avec sa double polarité masculine et féminine. Je n'arrivais pas à exprimer mon souhait d'un partenaire qui ne privilégierait pas l'un au détriment de l'autre. Qui comprendrait qu'une relation n'est pas un duo, mais un quatuor. L'ombre portée de mon père sur mon idéal masculin me permettait juste de préciser que je ne voulais pas d'un taiseux.

Troisième chakra : mentalement ? Plutôt intello ou non cérébral ?

Ici, bla-bla-bla sur l'intelligence du cœur. Je suis assez intellectuelle pour deux. Du moment qu'il s'intéresse à autre chose qu'à lui-même... Je pataugeais.

Quatrième chakra : un qui partage ou plutôt un « chacun pour soi » ?

— Un homme courtois qui ne zappe pas les idées de l'autre.

Je m'enfonçais.

Cinquième chakra : un homme qui s'affirme ou plutôt un doux tranquille ?

Là, je repris un peu d'assurance.

— J'ai déjà dit que je ne voulais pas d'un taiseux. Mais au niveau du chakra de la gorge, il s'agit de la compétence à nommer ses valeurs. Encore faut-il en avoir. Je veux au moins que mon homme soit capable de me faire « entendre » les siennes. Si on est incapable de les déclarer, on n'a jamais de comptes à rendre sur ses comportements. Ils sont justifiés par les aléas du ressenti. En ce sens, on n'est pas une femme ou un homme « de parole ».

— Tu veux qu'il « marche sa parole », comme disent les Indiens, intervint Joan.

— Encore faut-il qu'il parle ! Qu'il soit prêt à se dévoiler. C'est pourquoi je suis décidée à prendre cette fois le temps de faire connaissance avant de m'approcher de trop près. C'est mon premier engagement à l'altérité. Cela m'évitera de m'enflammer sur la part de « même » qui déclenche l'attirance.

— Pas évident d'être clair avec ses valeurs. Je ne suis pas sûre de connaître les miennes, reprit Joan, songeuse.

— D'une certaine manière, elles correspondent aux fonctionnements qui nous rendent heureux dans le moment présent.

— Tu veux dire qu'elles sont complètement subjectives ?

C'était parti pour une discussion sans fin. Fallait-il définir nos valeurs en nous référant à des principes transcendants ou les élaborer à partir du principe de plaisir ? Le bien ou le bon ? La loi ou la joie ?

— Pas l'un sans l'autre, risquai-je. Sinon on devient rigoureux sans créativité, juste mais désagréable, content de soi et incompétent au bonheur.

— Il faut donc distinguer le « bien » de la morale du « bon » pour nous ? demanda Terry, interpellée à son tour.

— Absolument. Sans quoi on se laisse embarquer dans un moralisme qui plombe le moral. Du coup, on ne découvre ses besoins affectifs que « grâce » à la souffrance. Comme si on s'obligeait à passer par ce qu'on ne veut plus pour reconnaître ce qu'on veut, ce qui nous fait du bon. C'est une forme de résistance à tout ce qui pourrait écorner la belle image de nous-mêmes. Ah ! l'idéal de perfection qui nous pourrit la vie, repris-je. Pas évident à assumer, le plaisir, hein ! Moi-même je rame. La seule chose dont je suis sûre, c'est qu'une bonne relation s'appuie sur des valeurs de joie et non sur les *valeurs tristes* de la morale dite judéo-chrétienne.

Sans le savoir, je convoquais Spinoza dans le débat. Plus tard, je découvrirais combien son *Éthique* avait anticipé sur ma Voie de l'amoureux. Comme ma nostalgie de l'ailleurs, ses passions tristes – aversion, tristesse, moquerie, crainte – ont pour origine commune la haine de la vie, le refus de l'incarnation.

— Il reste encore les deux derniers chakras.

— Je te propose, dit Terry, devant ma grimace accablée, de les regrouper. Disons que d'une manière générale ils reflètent nos aspirations spirituelles. Alors ? Tu veux un bonhomme qui croit en Dieu ou ça t'est égal ?

— Si être spirituel veut dire suivre une doctrine ou un guru, ta question me fait penser aux nombreuses femmes que j'ai croisées sur ma route qui n'avaient de cesse d'entraîner leurs partenaires dans leurs retraites et stages de méditation. Maintenant, est-ce qu'il vaut mieux être avec une belle âme qui ne croit pas en Dieu ou avec un croyant qui a oublié qu'il avait une âme ?

— C'est quoi, pour toi, la différence entre l'âme et l'esprit ? demanda Terry.

— Bonne question que de nombreux spiritualistes ne se posent pas. Ils sont tellement fascinés par leur soif d'absolu qu'ils confondent l'illumination de l'esprit avec la vie de l'âme. C'est ce que j'ai longtemps fait moi-même avant de comprendre que l'éveil spirituel ouvre au Tout, à la transcendance, alors que la reconnaissance d'être une âme en expérience d'humanité ouvre à l'altérité. Mais bon, me hâtai-je de conclure, en voyant passer sur leurs visages le souvenir de leur dépendance passée au savoir de l'autre, ce n'est pas le moment de faire de la métaphysique. Gardons pour l'instant les deux derniers chakras sous une seule bannière. Disons que toute petite déjà j'étais sensible à la noblesse. Elle garantit pour moi le sens du sacré. Je ne peux donc pas m'imaginer avec quelqu'un qui n'aurait pas une certaine grandeur d'âme, comme on dit. Je ne veux pas d'un radin, en tous les cas, et je ne parle pas seulement du portefeuille mais d'un donne-petit, d'un pense-petit ou d'un éprouve-petit. Oh ! là, là, c'est difficile de mettre en mots la classe, l'aristocratie de l'esprit, mais vous voyez bien ce que je veux dire. Le bonheur spirituel ne vient plus pour moi, comme avant, du *sentiment de complétude, il vient du sentiment de haussement d'être*, du plaisir d'atteindre à la « vertu », au sens latin du terme : l'élan de nos plus belles énergies. De toute façon, il ne devrait pas y avoir de problème avec Foster. Il a passé du temps dans un ashram, m'a dit Stéphy.

À ce moment précis, un gros ballon rouge, échappé probablement de la villa voisine, passa au-dessus de la piscine. Nous n'arrivions pas à lire l'inscription qu'il portait.

— C'est un message, s'écria Joan en sautant sur ses pieds. Il faut absolument qu'on l'attrape.

Dans une course joyeuse, nous partîmes à sa poursuite. Bien que perdant régulièrement de l'altitude, il repartait de plus belle chaque fois que nous nous en approchions, comme emporté à la dernière seconde par un vent farceur.

— On n'y arrivera jamais, dis-je, à bout de souffle. Il part vers la mer.

Le ballon passa effectivement la digue, nous laissant dépitées au bord du rivage. Soudain, il perdit de l'altidude et se posa comme un soufflé dégonflé sur les flots. Terry n'hésita pas un instant. Bonne nageuse, elle fonça droit sur la boule rouge déjà assez loin en mer. Je regardais, un peu inquiète, les vagues qui s'écrasaient farouchement contre les pierres. Elle allait devoir nager à contre-courant pour revenir, en tenant le ballon d'une main. Ce qu'elle fit sans peine, sous nos applaudissements. Nous pûmes enfin nous approcher du trophée.

I love you, disait l'inscription.

— Cela aurait pu être happy birthday, proclama Joan du ton docte de celle qui ne saurait tolérer la moindre mise en doute de son intuition. Ben ! non... C'est donc bien une histoire d'amour qui t'attend avec ce Foster.

Pour elle, c'était « le bon ». Point final.

Et si elle avait raison ? L'espérance folle qui m'envahit avait l'éclat du vrai. Elle ressemblait fort à une prémonition.

Je revins des Bahamas en pleine forme. Du coup, je passai quelque peu aux oubliettes le différend qui, la veille de notre départ, avait assombri la complicité jusqu'alors sans faille de notre trio amical.

À l'heure du dîner, Terry avait proposé un rituel chamanique pour marquer la clôture de notre séjour. Dans l'esprit des quatre éléments, nous devions nous promener dans le parc de la résidence, ramasser feuilles, pierres, fleurs, etc., symboles de vieux fonctionnements que nous voulions laisser derrière nous. Nous les déposerions dans une corbeille et ensemble les jetterions dans l'océan en demandant à l'ange de l'eau de les dissoudre.

Peu habituée à considérer alors la nature comme un livre vivant, je mis dans le panier le premier caillou qui me tomba sous la main, quelques pétales d'hibiscus qui jonchaient le sol, un petit bâton à l'allure de baguette de fée, tandis que Joan et Terry palpaient longuement la vibration de chaque objet, entrant en longue conversation avec chacun d'eux, rejetant telle brindille au profit de telle autre, telle fleur pour une autre. Ma récolte vite finie, soucieuse de ne pas casser une ambiance de plus en plus sacrée, je cherchai la suite à donner à ma participation au rituel en cours.

Et si je « travaillais » avec le magnifique catalpa qui trône au cœur du jardin, l'ombrageant de son abondante frondaison ? O. expliquait que les arbres étant de la lumière condensée, on rechargeait son organisme en posant la main gauche sur leur tronc, la droite sur notre plexus solaire. Je mettrais ensuite un morceau d'écorce dans le panier de Terry : ce serait ma manière d'honorer l'élément feu.

Je m'adossai à l'arbre, me hissant sur une de ses imposantes racines afin d'assurer mon équilibre. Inopinément, sans la moindre préparation, je basculai dans un ailleurs de puissance lumineuse où ciel et terre semblaient s'enlacer amoureusement. L'intensité de cette union cosmique me traversa comme une puissante décharge. Contrairement à mon habitude de ne ressentir la lumière qu'au sommet du crâne, je la sensationnais jusque dans ma plante de pied. Le sentiment que mon pouvoir personnel venait de trouver sa prise de terre m'envahit tandis que coulaient des larmes de joie. J'étais enfin entrée en contact avec la force tellurique, si familière à Joan et à Terry.

Toujours sans mot dire, nous déversâmes nos trophées dans l'océan. Bouleversée par ce qui venait de se passer, je ne dis rien jusqu'au dîner. C'est là seulement que je perçus la crispation qui habitait le silence inhabituel que nous entretenions à table.

— Que se passe-t-il ?

Ma question ouvrit une boîte de Pandore. Colère... humiliation... vexation : je les avais snobées en restant royalement adossée à mon arbre, les regardant de haut crapahuter à la recherche de leurs objets de pouvoir. Méditer était plus digne de moi, n'est-ce pas ? Pour qui est-ce que je me prenais ?

Ma version des faits n'y fit rien. D'ailleurs, j'avais été comme ça toute la semaine.

— Après les canalisations de Terry, tu partais dans de grandes envolées prophétiques comme si tu savais toujours tout mieux qu'elle.

— Je croyais qu'on devait se dire ce genre de choses aussitôt. Est-ce que je peux savoir quand vous avez ressenti cela pour la première fois ? Et depuis vous en parlez ensemble derrière mon dos, c'est ça ? Et moi qui faisais confiance à notre pacte de transparence, qui me suis laissée aller à être naturelle. Je me suis bien fait avoir.

La discussion prolongée jusque tard dans la nuit entre cris et pleurs mit au jour la difficulté de Joan à reconnaître une antériorité à quiconque, autant que les blessures toujours ouvertes de Terry en matière d'autorité. Une fois de plus, j'eus à encaisser les reproches habituels sur mon incapacité à respecter le rythme des autres et la condescendance avec laquelle je daignais attendre les égarés, adeptes des sentiers buissonniers.

Je me couchai ce soir-là en me jurant désormais de ne donner mon avis que si on me le demandait. Contente néanmoins de la réconciliation dans les larmes qui avait conclu notre soirée : ne nous avait-elle pas obligées à nous démasquer plus encore, à déshabiller nos âmes pour entrer dans une intimité dont nos pudeurs nous avaient préservées jusque-là ?

Elles réussiraient bien à se réapproprier leur histoire d'humiliées sans poursuivre leur transfert de guru sur moi, m'étais-je convaincue toute seule. Sinon, à quoi aurait servi la mise à nu, devant elles, de mes souffrances de première de cordée ? Une place qu'on me demandait souvent de prendre dans les ascensions spirituelles, avant de me la contester.

En fait, dès notre retour, Terry coupa tout contact avec moi. Plus tard, je compris qu'en écho au « fils » manqué en soi le doux-tyran qui occupe le pôle féminin dans une relation se « casse », aux deux sens du terme, quand l'intimité menace son image. Par peur d'être confronté à lui-même, il s'éloigne sans explication, laissant l'autre pris au dépourvu, figé de stupeur. Il n'avait rien vu venir.

Sur le moment, je me drapai dans ma dignité, répondant au mutisme glacé de Terry par une indifférence affichée égale à la sienne.

« C'est pas grave. Je m'en fous » : le refrain des doux-tyrans ne m'était pas étranger. Je l'avais beaucoup pratiqué dans ma jeunesse. De moins en moins cependant depuis que j'avais reçu la bénédiction paternelle symbolique de mon guru, celle du leḥ leḥa, le « va vers toi-même » que Dieu dit à Abraham. Mais je revenais encore quelquefois à cette rengaine du déni lorsque le sentiment de subir une injustice m'accablait.

Joan, pour sa part, poursuivit le dialogue.

— Je suis prête à reconnaître que tu es first, mon aînée en sagesse initiatique.

— Et moi je suis prête à m'ouvrir à la Nature sous ta guidance chamanique.

Notre bonne volonté donna une seconde chance à l'amitié.

Trois jours plus tard, Foster téléphonait. Il était enrhumé et devait remettre notre rendez-vous. Il viendrait me chercher le vendredi de la semaine suivante pour m'emmener dîner. C'était entendu.

Au jour dit, j'ouvris la porte à un homme de belle prestance, grand, mince, au regard de beau ténébreux. Qui allais-je évoquer lorsque Raphaèle, comme à l'accoutumée, me demanderait au téléphone de lui donner une idée plus précise ? Un peu de Gary Cooper additionné d'une touche d'Antony Perkins ou de Terence Stemp. Bien au fait de mon attrait pour la beauté masculine, elle allait se dire que j'étais cuite. Elle ignorait ma détermination à prendre, cette fois-ci, le temps de faire connaissance.

J'offris à Foster de boire un apéritif avant de partir au restaurant. C'était une manière plus conviviale d'entamer les présentations. Commencer la conversation dans un blind date, ces rendez-vous « aveugles » très en vogue de ce côté de l'Atlantique, est toujours embarrassant.

— Surtout que c'est la première fois pour moi, ajoutai-je.

Jimmy s'était déjà évaporé dans mon souvenir.

— Pour moi aussi, répondit-il d'une voix aimable.

En avait-il lui aussi oublié quelques-unes ? Son charme atténuait mon intérêt pour la vérité.

— Olga m'a dit que vous aviez fait du yoga.

— Oui, avec une femme, la swami R. Elle a un ashram près de Vancouver.

— Je ne la connais pas. De quelle lignée est-elle ?

— Celle du swami Sivananda de Rishikesh.

Le choc des coïncidences fit monter des ondes frémissantes le long de mon échine,

— Comme c'est drôle. Mon guru a été le secrétaire particulier de Sivananda pendant onze ans.

— Comment s'appelait-il ?

— Oh ! vous n'avez sûrement jamais entendu parler du swami V. Il ne fait pas partie du star system des maîtres hindous de Rishikesh.

Le temps s'arrêta. Le visage de Foster pâlit. Sous le coup de l'émotion, ses yeux s'embuèrent. Cette manifestation de sensibilité féminine chez un homme me conquit sur-le-champ. Ce n'est que bien plus tard que j'en découvris l'excès qui caractérise les passifs-agressifs, mélancoliques plaintifs à la larme facile.

— Vous imaginez le choc, déclarai-je à la psychanalyste de Susan, toujours muette. Il connaissait mon swami ! Dans cet immense Canada, un prince charmant, déniché par une amie de ma sœur dans le milieu financier de Toronto, sonne à ma porte ! Si ce n'est pas un rendez-vous préparé au ciel ! Comme quoi, contrairement à ce que ma mère n'a jamais cessé de me seriner, ce n'est pas la peine d'aller à des soirées pour rencontrer l'homme de sa vie. Il faut faire confiance au destin. Vous vous rendez compte ? Tomber sur quelqu'un qui a vécu une dizaine d'années dans un ashram de la même lignée que moi. C'est sûr qu'avec lui je me suis instantanément sentie bien disposée à son égard. Il pratique la méditation. Cela me rassure, de même que le parfum de sacré qui se dégage de l'encens ou de la bougie qu'il allume à chacune de nos rencontres, toujours platoniques depuis six semaines. En dépit d'une attraction physique certaine, nous sommes convenus d'attendre le solstice d'été, date chère aux amoureux, pour notre première nuit de noces. Mais je suis nerveuse. C'est pourquoi j'ai décidé de vous voir. Le temps de comprendre mon anxiété à m'engager physiquement dans cette relation.

Face à une psy toujours aussi cérémonieuse qu'un pingouin sur la banquise, mes larmes jaillirent soudain sans prévenir. Qu'importait sa réponse ! Le seul fait d'avoir pu mettre en mots l'ambiguïté des choix contradictoires, mon désir de rapprocher des contraires apparemment inconciliables, relâcha d'un coup la tension qui, du plus loin que je me souvienne, m'écartelait entre spiritualité et sexualité.

À travers le rideau d'émotions fluidifiées, elle m'apparut soudain comme une extraterrestre. Cela allait prendre du temps, beaucoup de temps, pour tisser un pont entre son absence à mon univers et la mienne au sien. J'avais peut-être bâti un mur entre le sacré et l'ordinaire, mais elle, elle les égalisait à un point proche du déni. Comment dire à une psy aussi conventionnelle que j'avais été amenée à m'interroger sur mes choix amoureux par des anges ? Ce n'était pas avec elle que j'arriverais à clarifier la juste place du sacré dans son rapport à la jouissance.

Je trouverai les réponses en chemin, me dis-je, prenant congé d'elle sans fixer de prochain rendez-vous. Après tout, j'avais assez d'acquis analytique et de connaissances pour prendre ce risque. Il me restait toujours l'écoute éclairée de Raphaèle et celle de Joan à qui je parlais encore tous les jours. En l'absence d'un thérapeute capable de maintenir des interrogations sur tous les aspects du mystère de l'inconscient comme de l'âme et de l'esprit, qui dira jamais assez l'apport précieux de l'amitié dans la traversée des orages de l'existence ?

En sortant de chez la psy, je me retrouvai néanmoins le cœur battant entre angoisse et espérance, d'autant moins tranquille sur mon avenir que depuis quelques jours le téléphone était resté cruellement silencieux. Foster doit se trouver dans un coin perdu, me dis-je. Dans six jours il sera de retour. Il expliquera. Tout sera clair.

Rétrospectivement il m'apparaît ce matin que, selon la

bonne logique des extrêmes qui se touchent, cette psychanalyste canadienne et moi étions dans des positions plus proches qu'il n'y paraissait, aussi mal à l'aise l'une que l'autre pour aborder la question de la présence ou de l'absence de sacré dans les relations sexuelles. Dommage qu'elle ait été si fermée et moi si pressée, comme toujours. Avec le temps, le mépris mal dissimulé de chacune pour la démarche de l'autre aurait probablement fini par se résorber. Mais le pouvoir de se taire que lui conférait sa fonction mettait le temps de son côté et je voulais être prête pour le solstice d'été.

Pourquoi pensez-vous votre vagin comme sacré ?

N'empêche qu'à l'époque cette petite phrase n'était pas tombée dans l'oreille d'une sourde. À la sortie de cette unique séance de psychanalyse canadienne, j'avais admis qu'à trop projeter le sacré sur l'acte sexuel on rend son corps intouchable. Quel toucher pourra être suffisamment sacré pour cesser d'être ordinaire ? Quelle main d'homme pourra jamais suppléer la caresse divine ?

Chasteté ou tantra : deux manières antithétiques de condamner le corps à la non-relation ? Lorsque j'allai attendre Foster à son retour de Vancouver, j'étais décidée à ne pas tomber dans ces pièges.

Si sens du sacré il y avait entre nous, il devait advenir autrement que dans la sacralisation du corps. Comment ? Il en avait fini avec son ex. Du moins je l'espérais. Moi avec la psy. Il ne nous restait plus qu'à compter sur nous-mêmes pour le découvrir ensemble.

Chabadabada... chabadabada... Un homme. Une femme.

À défaut du sable, de la mer et des planches de Deauville, les aéroports offrent un décor tout aussi propice à la dramaturgie des sentiments. Architecture de verre et d'acier, escaliers roulants, flux et reflux de vagues humaines bercées par des voix rassurantes qui masquent mal la fragilité de nos destinées.

Aéroport de Toronto, un soir d'avril 1993

Porte 22. Vingt et une heures. J'attends le cœur battant l'avion de Vancouver et mon amoureux.

Pas de touristes ni de familles. C'est l'heure du retour des hommes d'affaires que leurs épouses ne viennent plus accueillir depuis longtemps. Sur leurs visages aux traits aussi tirés que leurs complets vestons, aussi sombres que leurs attachés-cases, j'essaie de déceler un frisson de plaisir à l'idée de rentrer chez eux. J'exorcise ma peur de l'engagement. La routine ne finit-elle pas toujours par tuer le désir ?

Je suis seule en tout cas à guetter mon homme derrière la porte coulissante qui déverse au compte-gouttes ces héros fatigués de l'aventure économique. Je me sens vertueuse à l'idée d'être encore assez romantique pour m'être déplacée : avant de partir, Foster a insisté d'une voix si implorante que je me suis sentie flattée. Soudain je l'aperçois. Avec son back-pack usé, son jean et son anorak du Grand Nord, il affiche l'air désinvolte du gentleman trappeur qui rêve encore d'équipées pour lesquelles il se sent un peu trop vieux, un peu trop lâche. Je repousse l'idée d'adolescent attardé qui me traverse l'esprit. Je me dépêche de me réjouir : ce n'est pas tous les jours que l'on rencontre un homme de quarante-sept ans, beau, célibataire, avec de surcroît une bonne situation, et vraisemblablement libre de son passé. Un petit côté Clint Eastwood s'ajoute à son allure séduisante. Et *quand il me prend dans ses bras...* il a l'air tellement heureux de me retrouver que je ne doute plus de rien.

Je me contente de son « tout s'est très bien passé ». Je ne vais pas jouer les fouineuses. C'était bon pour « avant », quand j'étais possessive, inquiète, en un mot fusionnelle. Sur la banquette arrière du taxi, je me mords les lèvres pour ne pas rompre son silence amoureux. En gémissant de plaisir il niche sa tête au creux de mon épaule. Tandis que je lui caresse les cheveux, je me récite le bréviaire de l'altérité : respecte son rythme. Je chapitre mon intensité : ne pas vouloir tout, tout de suite, laisse-lui le temps. Nous parlerons plus tard de sa rencontre avec son ex.

Dîner en amoureux, chandelles et petits plats au programme de la soirée. Foster ronronne de contentement. Quand nos yeux se croisent, son regard fond dans le mien. Son côté fleur bleue m'attendrit. Je n'en trépigne pas moins en dedans. Quand va-t-il raconter Vancouver ? Je tire sur les rênes de mon impatience et renforce la vibration angélique de mon sourire. Ce doit être ça la tendresse. Je l'ai toujours considérée comme une vertu de bonne volonté qui conjure la violence par la mièvrerie. Mais pourquoi pas ? Un petit effort dans ce sens ne peut que me conduire plus vite à la véritable douceur de l'énergie féminine.

— Nous pourrions vivre ensemble dans ta maison, lâche-t-il enfin. Elle est assez grande.

Je respire : il a enfin engagé la conversation. Platoniquement jusqu'au solstice d'été, bien entendu, ajoute-t-il très vite. Il s'installera dans la chambre d'amis du premier étage. Il pourrait ainsi rendre les clés de son appartement avant la prochaine échéance locative. Il compte de toute façon chercher une petite maison à acheter. Toute au plaisir de l'engagement tacite qu'exprime son désir de cohabitation, je repousse l'hypothèse de la pure et simple économie de loyer qui me traverse l'esprit. N'a-t-il pas ajouté : une petite chaumière pour nous deux ?

— Ce sera une bonne manière de faire plus ample connaissance, dis-je sur un ton que je veux enthousiaste tandis que mon cœur fait un bond en arrière, butant sur les mille questions qui se bousculent dans ma tête.

Il partit ce soir-là sans que nous « en » ayons parlé.

La semaine suivante, il s'installait chez moi. Nous n'« en » avions toujours pas parlé.

J'essayais de penser à autre chose tout en me félicitant des progrès manifestes de ma patience. Je devais apprendre une fois pour toutes à faire confiance à un humain ! Ne pas entrer dans le contrôle, la gestion du manque. Rester réceptive. L'initiation à cette polarité du féminin n'était-elle pas le défi actuel de mon devenir femme ? Grâce aux miroirs familiaux, j'avais ces dernières années grandement adouci mon énergie masculine. Mais elle restait mon point fort. Preste, ingénieuse, méthodique, efficace, je n'avais aucun mal à prendre en charge mon existence, et celle des autres, avant même qu'ils ne réclament mon aide. C'était alors que je glissais dans l'excès. N'en avais-je pas eu la preuve avec Joan et Terry ?

— Ma lucidité manque de discernement, avais-je pleurniché à l'oreille lointaine de Raphaèle, que j'avais appelée au secours. Je résiste mal au plaisir de démêler les sacs de nœuds des autres.

— Tu oublies qu'ils ne sont pas toi, m'avait-elle répété une fois de plus. Les hommes, surtout, partent en courant quand ils se sentent trop facilement démasqués.

Dans le soupir qui avait suivi, je l'avais entendue penser : je me demande s'il y aura un jour un homme capable de vivre sous ton regard laser. J'avais encaissé son non-dit insinuant parce que, en cet instant, comme souvent chez elle et les femmes de ma famille, il exprimait un souhait bienveillant que leur pudeur ne leur permettait pas d'exprimer autrement que par un reproche dissimulé.

— En attendant, je développe un féminin positif. Douce. Patiente. Compréhensive. Et surtout j'essaie de ne pas saturer l'espace de mon énergie à haut voltage. Tu m'as assez reproché d'éreinter mes partenaires. Cette fois, je respire profondément, plusieurs fois par jour, en attendant que Foster prenne l'initiative du dialogue. En même temps je me demande où est la frontière entre douceur et docilité, patience et passivité. C'est sûrement une des choses que je vais découvrir dans cette relation.

— Il vient s'installer chez toi. C'est sa manière de te dire que tout va bien, qu'il est amoureux. Ne le pousse pas à raconter ce qui s'est passé avec son ex à Vancouver. Pour une fois, arrête de te méfier, avait-elle lancé en guise de conclusion.

Le cerveau bien lavé par Raphaèle et mes propres sermons, je me concentrai sur l'écriture de mon premier livre.

Dans l'après-midi, au moment où mes neurones saturaient, je nouais le tablier de maîtresse de maison avec ce rien de vanité que donne la bonne conscience. Courses. Cuisine. Le soir, tout était prêt pour le retour de mon chéri. Les jours passant, je n'en finissais pas de comptabiliser les victoires sur mon passé.

Réparation faite, tikkoun en matière d'engagement. La routine ne me faisait plus peur. Il suffisait de se préserver un espace de créativité. Le mien était comblé par le plaisir d'écrire, de jouer avec les mots, d'inventer des traductions aux sentiments. Les jours où je n'avais pas réussi à m'arracher à temps de mon ordinateur, Foster était rarement trop fatigué pour m'emmener au petit restaurant japonais du coin. Il s'arrêtait volontiers au supermarché en rentrant du bureau pour rapporter les citrons et le pain que je n'avais pas eu le temps d'acheter. Cela me rassurait. Je commençais à me détendre.

Cela lui allait bien au teint. Il en perdait son air de chien battu. Il devenait plus lumineux. Ma foi dans le pouvoir magique de la confiance grandissait.

Tikkoun également de mon lancinant mépris de la matière. Mater, mère, matière : proximité sémantique intéressante. Je me réconciliais d'autant plus facilement avec les nécessités de la femme au foyer que, dans les petites tâches, mon intellect de feu trouvait une bonne prise de terre. Je laissais brûler les plats de moins en moins souvent.

Par ailleurs, je tenais ma parole de ne plus consommer avant d'avoir fait connaissance avec mon partenaire. Nous passions Foster et moi la plupart de nos soirées à faire canapé commun, les jambes entrelacées sous un plaid en mohair, à confronter nos points de vue sur les multiples aspects de la vie en couple. Fière de moi, je maintenais avec ostentation mon regard fixé sur mes progrès, m'interdisant de le diriger sur son territoire à lui. Il m'inviterait à y entrer quand il se sentirait prêt.

Comme les petits singes de la sagesse orientale : je ne vois rien, je n'entends rien, je ne dis rien.

Et un bon point de plus !

Faire connaissance ! C'était mon obsession du moment. Rien ne me semblait plus important que de réussir cette étape : avec Jimmy, ma libido avait bien failli m'aveugler.

Je nous revois, Foster et moi, allongés tête-bêche sur le canapé de mon salon jaune, moi développant mes analyses, lui m'écoutant, avec, pour tout support érotique, son cahier et son stylo. Les listes rassuraient Foster. Il notait avec beaucoup d'application nos valeurs respectives sur deux colonnes, la sienne et la mienne, soulignant d'un trait rouge les divergences repérées. Nous discutions alors des efforts que chacun était prêt à faire. Ils étaient classés à part.

Je ne remarquai pas tout de suite la façon qu'il avait d'élever la voix sur ses fins de phrases comme pour les ponctuer d'un point d'interrogation muet dans ma direction. Ma manie de me brancher aux échos de l'inconscient, aux résonances de l'âme derrière les mots, s'en trouva titillée. Je laissai planer le silence, une fois, deux fois... puis je mordis à l'hameçon, transformant les autoquestionnements de Foster en réponses qu'il n'avait pas clairement demandées. Faiblesse du philosophe trop heureux d'entamer un débat d'idées. Vanité du pédagogue ravi d'inspirer son interlocuteur. Mes répliques, qui souvent touchaient juste, émoustillaient Foster. Il en voulait plus. Puisqu'il le désirait, je pouvais bien l'aider un peu, me disais-je, oubliant hélas une fois de plus qu'il n'est pas sage, comme l'a magistralement résumé Lacan, de « donner ce qu'on n'a pas à quelqu'un qui n'en veut pas ». Une attention inconditionnelle, voilà ce qu'il demandait vraiment. Dès lors les lumières que je portais sur ses ombres ne le satisferaient jamais. Impossible néanmoins de résister au besoin de l'éclairer. À mon insu, je commençais à m'installer dans le rôle du sauveur : le partenaire intellectuellement agressif du passif en souffrance.

La jubilation avec laquelle Foster appréciait le radar qui me permettait de détecter un maillon faible dans ses raisonnements, de souligner la case absente d'une de ses réminiscences stimulait mon intuition. Le canapé se transformait peu à peu en divan. Je glissais dangereusement sur la pente du psy de service. Consultations gratuites assurées. Sa mère le battait à coups de brosse à cheveux alors qu'il était déjà adolescent... Il n'avait jamais connu son père... Avait-il assez insisté sur son enfance malheureuse dès notre premier dîner !

Déclencher en lui des souvenirs libérateurs, décortiquer les motifs cachés de ses résistances, démanteler ses systèmes de défense, tout cela ne pouvait que laisser place à l'« homme qui en aurait enfin fini avec son passé », formule qu'il m'offrait comme un encouragement à ne pas faiblir dans l'aide que je lui apportais. Sa détermination affichée à évoluer, pour plaintive qu'elle fût, me rappelait le bénéfice qui m'attendait. Elle faisait fondre mes velléités d'autant qu'elle s'accompagnait de sourires attendrissants et de baisers prometteurs.

N'avais-je pas tout à gagner de la guérison de l'enfant blessé de Foster ?

Un soir pourtant, un sursaut de révolte me prit : et moi, dans tout ça ? Bien sûr, je faisais connaissance avec lui. Mais lui ? Lui semblait avoir perdu le fil de mes confidences. Sur son cahier, une seule colonne se remplissait depuis plus d'une semaine. Enfoncée dans mes coussins, à l'autre bout du canapé, l'espace d'un instant terrifiant, j'entrevis l'image que je connaissais bien de l'élève ou du patient, assoiffé de révélations, friand de se comprendre lui-même, qui tient pour acquis l'enseignant, le thérapeute, le consultant. Aider, éclairer, soutenir : c'est leur boulot !

Je supportais déjà mal avec mes élèves d'être réduite à une fonction. Je ne voulais plus accepter cela de mes amis – ce que j'avais expliqué à Joan et à Terry –, encore moins d'un amoureux ! Prendre ainsi en charge ses blessures ne pouvait que transformer notre couple en relation de guérison. J'avais déjà donné ! Je repensai à Richard, au formidable accompagnement que nous nous étions offert pour guérir nos enfants intérieurs, nos ego humiliés, nous réconforter des manquements parentaux. À force de nous consoler mutuellement, en toute conscience, nous étions devenus « tout » pour l'autre, condition nécessaire aux amours fusionnelles. Nous n'en étions pas dupes et nous en avions encore l'âge. Celui de la plainte, du besoin de consolation et de compensation. Mais jusqu'à quand ?

Après plus de dix ans de chemin spirituel, n'étions-nous pas prêts, Foster et moi, à la *résilience* ? À laisser le passé au passé pour nous occuper de l'avenir qui s'approchait à grands pas du solstice d'été ? Foster se rappelait-il seulement que nous avions choisi ce jour-là pour sceller notre engagement amoureux ?

— Ce n'est pas à toi mais à lui de prendre l'initiative. Attends qu'il te parle de ce rendez-vous, me conseillait Raphaèle qui, en bon doux-tyran, n'exprimait jamais, elle, son propre désir.

— J'en ai assez. Je me demande si l'investissement en vaut la peine. Mes anges m'ont dit qu'on n'est pas obligé de transformer toute rencontre, aussi signifiante soit-elle, en relation amoureuse. Ça commence à bien faire. Je n'ai pas brûlé mes soutiens-gorge sur la place publique pour m'encombrer de ce type de préséance. Et rappelle-toi qu'il n'a toujours pas raconté Vancouver.

— Tout cela exerce ta capacité à ne pas prendre les devants, glissa-t-elle, adoptant avec un rien d'ironie ma manière de transformer une difficulté en épreuve initiatique.

Je raccrochai en prenant une grande respiration. Il fallait à tout prix endiguer la colère qui montait. Je tentai une petite prière à n'importe quel saint ou ange qui passerait par là. Surprise ! L'inspiration vint aussitôt. J'allais parler à Foster de la cassette enregistrée aux Bahamas.

Il exprima aussitôt le souhait de l'écouter avec moi.

— Pourquoi pas ? Ce sera une manière originale de te parler de mes valeurs et de mes rêves, soulignai-je d'un trait lourd en appuyant sur le bouton du magnétophone.

D'abord curieux, puis amusé, il retint ses larmes en entendant mon credo amoureux.

« Toute petite déjà j'étais sensible à la noblesse. Elle garantit pour moi le sens du sacré. Je ne peux donc pas m'imaginer avec quelqu'un qui n'aurait pas une certaine grandeur d'âme, comme on dit. Je ne veux pas d'un radin, en tous les cas, et je ne parle pas seulement du portefeuille mais d'un donne-petit, d'un pense-petit ou d'un éprouve-petit. »

Il avait tellement envie de n'être plus « petit » ! Il voulait tellement vivre un couple dans la dimension du sacré ! Depuis le temps qu'il aspirait à vaincre les démons qui l'empêchaient d'arriver à sa souveraineté d'être, de devenir l'homme noble qu'il savait vivre en lui.

Voilà ! Nous ne parlions plus que de lui ! Les larmes qu'il essuyait entrecoupaient ses mots de petits sanglots moites. Il avait le gros chagrin du manque à gagner : ce qui pourrait être... ce qui aurait pu être... ce qui devrait être... Comme je le comprenais ! En comparaison de la mémoire du Tout, de la lumière originelle qui nous habite comme une étincelle de feu sacré, nous sommes si peu de chose. Si nous avons été créés à l'image de Dieu, notre ressemblance est encore loin à en pleurer.

Encouragé par la main que j'avais tendrement posée sur la sienne, expression de ma foi dans sa capacité à réaliser ce portrait annoncé du meilleur de lui-même, il me prit dans ses bras. Comme deux naufragés accrochés à une même bouée, exorcisant le doute et la peur de l'échec, nous avons communié dans la vision de son triomphe à venir.

Connaissant la triste fin de cette histoire, je rirais volontiers aujourd'hui de ce mélo hollywoodien, ou bien je me reprocherais ma naïveté d'alors. Mais à la reconsidérer, je reste convaincue de la sincérité du désir de Foster d'une relation à hauteur d'âme. C'est pourquoi il était entré dans mon rêve. Le rôle maternel d'éducatrice que j'avais endossé pour lui faisait partie d'une panoplie de comportements que notre rencontre devait m'aider à corriger. C'est pourquoi je m'y étais engagée corps et âme.

On ne fait pas d'omelette sans casser des œufs !

Après m'être si souvent énervée contre moi-même pour être tombée dans le piège pédagogique du guru alors que j'avais quitté la France pour y échapper, ce proverbe me console. Il était dans mon intérêt, jusqu'à la volonté du désespoir, d'aider Foster à retrouver sa puissance de chevalier afin qu'il devienne le prince de mes rêves. De toute façon il est impossible d'advenir au *féminin de l'être* sans intégrer sa dimension maternelle. C'est pourquoi j'avais assumé la fonction éducative avec tant de zèle. Sauf qu'avec Foster j'avais découvert la mère excessive en moi, prévenante jusqu'à l'engloutissement, qui fait don d'elle-même en s'oubliant en chemin ! Il est des erreurs qui sont des nécessités. Portes étroites à travers lesquelles nous avons à passer pour accomplir nos mutations finales, tel le serpent qui se glisse dans le plus petit trou possible pour y laisser sa vieille peau.

En reconnaissant humblement le gain personnel que l'on tire de ses mauvais choix, je sens se dissoudre l'amertume qui m'a longtemps empoisonnée à l'idée de m'être engagée avec Foster dans une carte du Tendre usée et rebattue. Notre relation m'aura permis, après coup, d'en renouveler la géographie.

Il est temps que j'arrête de lui en vouloir de m'avoir transformée en mère sauveuse. Son aspiration à s'élever le poussait dans le sens de mon désir. Mes restes d'ego négatif lui permettaient de m'entraîner dans les territoires boueux de son passé. Chacun y gagnait. C'est le propre même d'une relation de guérison.

Si je parviens à « remercier » Foster, j'en aurai vraiment terminé avec notre histoire. Je serai prête pour un chapitre inédit de ma vie amoureuse.

La semaine qui suivit releva du miracle, ce parfait moment d'adéquation entre rêve et réalité où le désir entre en résonance avec les aspirations de l'âme.

Émerveillée, je regardais Foster se conformer à l'idéal d'homme noble que j'avais esquissé aux Bahamas.

De toute évidence il s'était senti concerné par le qualificatif de taiseux que j'avais attribué à mon père. Il m'appelait chaque jour de son bureau comme s'il lui était soudain devenu important de savoir ce que je faisais de ma journée. Comme de m'envoyer un bisou téléphonique. Il découvrait le plaisir d'assumer son désir. La sensation d'exister pleinement qui en découle rendait légers les efforts qu'il avait à faire pour exorciser sa passivité habituelle et prendre sa part dans la création de nos liens. Il trouvait enfin important de décompresser avant de rentrer. Ne le faisais-je pas moi, de mon côté, m'arrachant à mon ordinateur pour préparer le repas ?

Il n'avait pas réalisé que moi aussi je travaillais, avoua-t-il.

— Même si elle n'écrit pas, une femme au foyer trime du matin au soir. Mais, à elle, on demande d'être fraîche et pimpante au retour de son homme, c'est ça ?

Du coup, il revenait souvent avec des fleurs, mieux, avec un sourire ou une invitation à faire un tour en amoureux avant de dîner.

Nous étions enfin en phase avec mon calendrier, tournant nos projecteurs sur l'accomplissement masculin-féminin.

— Pour donner une chance à notre désir d'âme, il faut

commencer par accepter sans réserve l'idée de notre androgynat originel. « Mâle et femelle, il les créa », nous dit la Genèse. S'accomplir c'est devenir entier, chalem en hébreu, un paronyme de chalom, la paix. Celle du foyer dépend donc du retournement en positif du négatif de nos énergies masculines et féminines. Guérir n'est rien d'autre que cela. Moi, je dois adoucir mon énergie féminine et toi, darling, tu dois renforcer ton énergie masculine.

— Concrètement, comment fait-on ?

— Il y a toujours des transferts parentaux dans un couple. Il suffit donc de tirer parti de nos petits agacements afin de débusquer ce qu'il reste en nous de mauvaise mère et de mauvais père. Une énergie maternelle juste engendre un féminin juste. Il en va de même pour le masculin. Observe donc le fils castré et la fille soumise en toi. Moi je m'occupe de la fille ratée et du fils rebelle en moi. Les miroirs que nous renvoient nos parents sont là pour ça. Nos réactions épidermiques à leurs faiblesses ou à leur autorité nous indiquent les corrections à faire. Ce qui nous énerve ou nous dégoûte le plus chez eux est le reflet génétique des bagages que nous voulons déposer. En allégeant notre patrimoine cellulaire, nous permettons à toute notre lignée d'évoluer. C'est mon interprétation du fameux « quitte ton père et ta mère ». Tu te rends compte de la joie qu'une guérison d'âme vécue en toute conscience nous donnera en chemin ?

Attentif à son devenir d'homme, il se laissait moins aller au comportement geignard des passifs-agressifs. La couronne de chevalier servant qu'il tentait de maintenir sur sa tête le redressait de quelques centimètres. À regarder son corps svelte prendre de la hauteur, je me sentais plus encline à lui ouvrir mon royaume. Sa parole s'en libérait. Il m'entendait mieux. Il devenait doux de parler de soi à l'autre tout en dissertant philosophie et métaphysique. L'amitié propre aux échanges de l'esprit trouvait sa place dans notre amour.

Aujourd'hui, j'arrive à voir, sans me culpabiliser, que nous utilisions plus notre relation que nous ne la vivions, un peu comme des nageurs qui resteraient au bord de la piscine pour étudier la natation. Une façon d'aimer sans se mouiller. Un comportement conforme à la peur de l'engagement des passifs-agressifs. À tout prendre, je préférais cette formule de guérison à la navigation à vue. Notre relation consciente tournait l'esprit vers le futur au lieu de l'enchaîner au passé. « Quoi faire » de nos obstacles devenait plus important que leurs causes, la greffe de nouveaux clichés plus essentielle que l'analyse des anciens.

Finalement, c'est à Foster que je dois l'approche initiatique de la relation que je développe aujourd'hui. L'idée de pouvoir clore définitivement ce dossier me ramène, presque joyeuse, aux eaux troubles de notre histoire.

Le mois de mai entamait sa seconde moitié. Les températures laissaient encore à désirer mais la neige semblait avoir définitivement capitulé. Bientôt l'été serait là. Je voyais la date du solstice approcher avec moins d'appréhension.

Il faudrait tout de même que je vérifie l'état de mes hormones, me dis-je un matin. À quarante-six ans, je m'imaginais en préménopause et tranquille en matière de contraception.

Ma gynécologue me rit au nez.

— Vous n'avez jamais entendu parler des bébés de dernière minute ? Mais je vous en dirai plus après les tests.

Comme par coïncidence, moi qui n'avais jamais été hantée par le désir d'enfant, je me sentis soudain en contact avec une présence. Surtout quand j'étais au volant de ma voiture, comme si une âme en quête de parents profitait de mon attention portée sur la route pour mieux se faire entendre. Une fois, je me surpris à lui répondre tout haut :

— Tu n'as qu'à aller embêter Foster. S'il est d'accord, je t'accepte.

Quelques jours plus tard, la gynécologue confirmait ses doutes.

— Suffisamment d'œstrogènes pour être enceinte. En tous les cas, si vous ne le souhaitez pas, vous avez intérêt à faire attention.

Elle me signala une nouvelle méthode : un patch qui se renouvelait tous les trois mois. Il fallait passer par le planning familial et le faire poser aussitôt si je voulais être protégée le mois suivant.

— Avez-vous aussi pensé au test du sida ? ajouta-t-elle sur un ton routinier.

De mon temps... enfin, du temps de Richard, la question ne se posait pas. Elle ne me concernait toujours pas. Personne depuis dix ans... Mais Foster ?

Pressée par les délais, j'abordai le sujet le soir même.

Foster était d'accord pour faire le test dans la semaine et, porté par sa nouvelle énergie de chevalier servant, insista pour m'accompagner au planning familial. Par courtoisie, je m'engageai à le faire aussi. Après tout, il n'était pas obligé de me croire. Pour ce qui est des enfants, il n'en voulait pas. Il me l'avait dit clairement. Moi non plus, mais j'aurais pu me laisser convaincre. Ma petite âme chercheuse devrait se trouver une autre maman. J'avais encore trop à apprendre dans cette vie sur l'art d'aimer. N'est-on pas meilleurs parents lorsqu'on est de bons amoureux ? On ne peut pas être partout à la fois, lui murmurai-je en guise d'au revoir.

À mesure qu'approchait le rendez-vous du planning, Foster semblait de plus en plus accablé. La chape de plomb qu'il ramenait du bureau ressemblait à une invitation détournée à l'interroger.

— Quelque chose ne va pas au travail ?

— Non. Tout va bien.

— Oui mais ?

— Mais rien.

Raphaèle m'encourageait à plus de patience encore.

— C'est à lui de t'ouvrir la porte de son espace privé, sinon tu enfreins une règle fondamentale de l'altérité.

Je serrais les dents.

Le jour dit, tandis que l'infirmière m'appliquait le patch, Foster était carrément sombre. Le soir même, j'avais atteint les limites du respect. Tant pis pour le « relationnellement correct » : si je ne prends pas le taureau par les cornes, je vais exploser et cela va lui faire très mal. Si je continue à me retenir je vais me faire du mal, à moi. L'idéal serait de réussir à lui parler calmement, sans s'énerver.

Après le dîner, résolue à l'interroger de ma plus douce voix, je le rejoignis dans sa chambre, contrairement aux soirs précédents où, respectant sa tanière, j'avais traversé sans mot dire son étage et, le cœur serré, atteint le mien.

Pressé par mes questions, il se recroquevilla sur son lit. En silence, je lui caressai le dos. Je n'allais pas refuser à ce corps en détresse le b.a.-ba de l'haptonomie : le contact bienveillant qui ramène la sécurité affective. Thérapeute, pédagogue et maternante. Je ne savais pas encore comment endiguer autrement ma violence de femme en colère.

Il se mit à geindre. Je commençais à avoir l'habitude de sa sentimentalité larmoyante. J'apportai les Kleenex. Ils furent vite nécessaires. Encouragé par ma compassion, il réussit à retrouver sa parole prise dans les mailles de la terreur de l'enfant qui s'attend à recevoir une claque.

— Je suis la personne la plus nulle de la planète. J'ai tout foutu en l'air. Je ne mérite pas la chance de t'avoir rencontrée. Je n'ai pas ta force. J'ai rendu tout impossible. Je ne peux pas...

— Tu ne peux pas quoi ?

— Je ne peux pas faire l'amour avec toi sans te dire ça.

— Ça quoi ?

— Que j'ai couché avec Monika à Vancouver.

Je le savais !

Avant même qu'il parte rejoindre son ex pour une dernière explication. Un pressentiment confirmé ensuite par son silence téléphonique. Et ce petit pincement au plexus dans le taxi qui nous ramenait de l'aéroport. Quand donc finirai-je de douter de mon radar intérieur ? Raphaèle pourra me dire ce qu'elle voudra, je ne laisserai plus jamais ma bonne volonté, ni même mes valeurs m'empêcher de respecter mon ressenti. Il est temps de faire confiance à mon corps autant qu'à ma tête.

Inquiet de ma seconde de silence sidéré, Foster reprit de plus belle sa complainte du pauvre type. Monika m'a supplié de lui accorder cette faveur en guise d'adieu, glissa-t-il, non sans une certaine fatuité.

Là, mon cœur se glaça. La froideur l'avait toujours protégé du mépris qui s'infiltrait dans ma rage de femme flouée. Mais je n'eus pas le temps de m'y abandonner. Il sanglotait trop fort, fustigeant, entre deux hoquets, son habitude de toujours tout gâcher. Il était si malheureux qu'il en arrivait à me faire oublier que c'était moi l'offensée. Ses larmes me volaient ma colère. Comme d'habitude, il devenait le problème. Je n'avais même pas droit à la déception. Il était incapable d'être heureux, répétait-il comme un refrain.

Ne m'avait-il pas prévenue lors de notre premier dîner chez le japonais ?

Remember. J'en rougis encore sous ma couette.

Il ne pourrait jamais être heureux avec une femme parce que sa mère... Mais non, mais non, ça se soigne, avais-je répliqué, m'engageant tacitement à le lui prouver. N'avais-je pas commencé avant même notre première rencontre ? Quand il m'avait appelée au retour des Bahamas avec le gros rhume qui l'obligeait à reporter notre rendez-vous, ne lui avais-je pas suggéré de mettre des gouttes d'huile d'eucalyptus dans un bon bain chaud avant d'aller dormir ? De quoi je me mêle ! D'un tonneau des Danaïdes, car les passifs-agressifs ont toujours un pet de travers, surtout lorsqu'il s'agit de s'engager un tant soit peu. Et moi qui vole à leur secours...

Ma honte augmente quand je me souviens de notre première rencontre. Soucieuse de l'aider à surmonter le choc qu'il avait accusé en apprenant que le swami V. avait été mon maître indien, ne lui avais-je pas proposé une tisane calmante, suivie d'un petit massage des épaules ? Mais si, mais si ! J'ai encore du mal à y croire moi-même. Je l'avais trouvé si merveilleusement sensible. J'aurais mieux fait de noter qu'il n'avait pas eu le courage de suivre le swami V. parce que son guru, l'autre femme de sa vie après sa mère, l'avait sommé de rester auprès d'elle. Comme Monika.

Je ne savais pas encore qu'un passif-agressif accumule les ex afin de mieux se protéger du futur et de ses inconnus. Une parade qui attire des partenaires atteintes du syndrome d'irrésistibilité : elles réussiront là où les autres ont échoué ! J'avais longtemps fait partie du lot.

À cette époque, cette vanité faisait de moi la partenaire idéale de dandys désabusés assoiffés de câlineries. L'enseignante adorée d'élèves qui n'avaient besoin de personne pour se mettre en échec. Sollicitude exagérée, constante prise en charge, souci intrusif de l'autre et anticipation de ses besoins affectifs : c'était pour leur donner le goût du bonheur que je passais mon temps à les bousculer, à déstabiliser leurs doléances, à démonter leur mauvaise foi. Mon excès de bonne mère empoisonnait mon plaisir d'enseigner. Il transformait aussi mes relations amoureuses en enfer pavé de bonnes intentions. N'est-ce pas « grâce » à Foster que j'ai guéri de ce travers néfaste à l'énergie féminine ?

C'est pourquoi je n'ai pas saisi au vol la chance de le quitter que m'offrait sa trahison. Il m'avait pourtant prévenue : « Si j'étais capable de faire ça, ça équivaudrait tout simplement à jeter notre relation aux toilettes... » Si prendre soin est la substance même de l'énergie-cœur, sa démesure est mortifère. Fallait-il que je sois convaincue que ma pieuse bonté endiguait ma violence autant que mon égoïsme, pour que le soir de son aveu je finisse par le consoler de m'avoir trahie ! C'était pour accélérer mon apprentissage d'amoureuse que j'avais occulté à ce point ses avertissements. Les passifs-agressifs vous préviennent toujours au départ : ils sont incapables d'être heureux ! Ils sont honnêtes, après tout. C'est le sauveur qui est sourd !

Ma prise de conscience ramène à mon souvenir une histoire que mon père racontait souvent.

Lorsque sa fille fut en âge de prendre mari, un tsadik appela tous les marieurs de la région. La coutume voulant que celui qui présente le fiancé choisi par la belle reçoive du père une somme d'argent, quelle ne fut pas la surprise des membres de l'entourage du tsadik lorsqu'ils constatèrent qu'il payait pour chaque prétendant refusé par sa fille. Quand ses disciples lui demandèrent pourquoi il agissait de la sorte, il répondit : parce que ma fille doit rencontrer chacun d'eux, et chaque échec la rapproche plus vite de son bechehet, celui qui lui est destiné.

Inconsciemment, je participais à l'intoxication de Foster à son passé avec l'énergie du désespoir pour savoir au plus vite s'il était mon bechehet. C'était une manière douloureuse mais rapide d'atteindre mon « futur ».

Les larmes qui coulent sur mes joues libèrent ma mémoire d'un vieux chagrin. Tikkoun oblige, l'échec a sa raison d'être. Saurai-je désormais prendre mes ratés affectifs moins à cœur ? Aurai-je la sagesse de la fille du tsadik qui ne transformait pas les rencontres qu'on lui imposait en relations amoureuses ? J'aurais pu me contenter d'une amitié de guérison avec Foster.

Oui, mais c'était un homme séduisant !

L'apparence physique : dernière attache de ma nostalgie de beauté divine ? Dernier miroir aux alouettes ?

Laissant un Foster éperdu de reconnaissance, mais visiblement soulagé d'avoir lâché le secret qu'il portait depuis trois mois, je regagnai ma chambre. Non sans lui avoir déclaré que j'allais réfléchir à la suite à donner à notre aventure massacrée en plein envol.

Je ne dormis pas de la nuit, perdant le fil de ma pensée dans le labyrinthe des multiples éventualités qui se présentaient à moi. Aux petites heures du matin, les arguments continuaient à s'enchevêtrer entre mon envie de claquer la porte, comme si souvent, et le désir suicidaire d'aller de l'avant vers un enfer quasi certain. Quasi, justement : le pire n'est jamais certain ! Je venais de signer un nouveau contrat avec l'existence. N'avais-je pas dit oui à l'amour humain, donc à l'inaccompli ? Rien n'est parfait ici-bas.

J'en étais à l'épreuve de réalité de ma peur de l'engagement. Où en était ma soif d'absolu et d'intoxication au « Tout ou Rien » ? Si au nom de la pureté spirituelle j'abandonnais le coupable à son déshonneur, je ne ferais que confirmer la victoire de toutes les Monika de la planète.

Mon patch était valide pour un trimestre. On a toujours le temps de dire non ! L'avais-je assez répété à mes amies terrorisées par les avances d'un inconnu ? Ils sont toujours inconnus, au début ! Comment savoir si on a trouvé l'homme de sa vie tant qu'on n'a pas vécu avec lui ? En vérité, on ne le saura qu'à la fin de son existence... ou de la relation. C'étaient mes propres théories. En écho à leur logique implacable, une voix mauvaise hurlait en moi.

— Comment ce salaud de Foster a-t-il pu te laisser prendre une méga dose d'hormones avant de passer aux aveux ? Un sale type, vraiment. Il le dit lui-même, pourquoi refuser de le croire ?

— Parce que j'ai foi en *L'Étoile de la rédemption*, l'étincelle de feu prête à enflammer la parcelle de bonté qui sommeille en tout homme, aussi enfouie soit-elle, me dis-je à haute voix pour conjurer la puissance maléfique du messager noir.

— Naïve, persifla-t-il.

— Peut-être le suis-je. C'est d'ailleurs ce qu'ont souvent affirmé ma mère, ma sœur et même quelquefois Raphaèle. Et alors ? Il vaut mieux espérer en l'humanité que d'entrer dans tes raisonnements pernicieux. Et si la vilenie de Foster me donnait, en reflet inversé, l'occasion de ma propre rédemption ? L'occasion de poser un acte de bonne volonté contre mon manque de confiance fondamental dans les humains ? Surtout quand ils appartiennent à la gent masculine !

Paix aux hommes et aux femmes de bonne volonté ! La voix se tut. Elle avait lâché son emprise sur mon mental.

Fière de l'avoir contrée, je restai songeuse. Naïve ? Au début peut-être. Lucide ensuite, puis méfiante au point de me mettre en défense anticipée au moindre signe de cruauté, de laideur ou de lâcheté. Mes années en robe orange m'avaient ouvert les sphères de l'esprit où puiser le baume de la divine indifférence. Mais les havres spirituels n'offrent la sérénité aux âmes en peine qu'à la condition d'un exil opiniâtre, loin de l'agitation du monde. J'avais vécu dix ans comblée de lumière, installée comme réfugiée sur terre. D'autant plus vulnérable que la paix entre soi et soi-même ne garantit en rien la compétence relationnelle. Ne l'avais-je pas observé à mon retour d'Inde ?

Je venais de renoncer au renoncement. Je n'allais tout de même pas me résigner, ressortir ma robe orange. L'Histoire n'en finit pas de nous montrer la fragilité de nos « jamais plus ». En privé, ils ne sont pas plus faciles à tenir. Trop ardue la Voie de l'amoureux ? Ce n'est pas parce qu'il nous met souvent en échec qu'un rêve est inaccessible. On a encore à apprendre, plus de sagesse à acquérir, tout simplement, mais on y arrivera, pour sûr. Aimer, ça s'apprend. C'est cela l'esprit de la rédemption.

Tout au long d'une nuit agitée, je sentis l'appel lancinant de l'« ailleurs ». Telles des sirènes se parant des plus séduisants sortilèges d'amour divin, lumières, sons et lettres de feu m'attirèrent vers les espaces de béatitude d'où je pouvais méditer, contempler la beauté, prier pour l'humanité, communier avec le vivant, sans m'y mêler vraiment.

En contrepoint, j'entendais un autre chant, celui de la terre qui me contait la joie d'aimer et d'être aimé ici-bas.

Et si le mystère de Dieu, du Tout Autre, se révélait ultimement dans l'intimité avec l'autre créé à Son image et à Sa ressemblance ? Pour ce qui est de la ressemblance, rien n'est gagné, me dis-je, toujours hésitante entre ciel et terre. Mais si je ne donne pas une nouvelle chance à Foster, j'érige mes valeurs en Vérité. La morale l'emporte sur l'amour. Ce qui devrait être primera sur ce qui pourrait être. Et ma sexualité restera prisonnière d'une exigence spirituelle qui la sacralise.

L'amour est enfant de Bohême. Il n'a jamais, jamais connu de loi. Le texte de Bizet se mit de la partie. Il m'apparut soudain bien kabbaliste, initié au fait quc la puissance créatrice, ou l'amour – sa meilleure traduction –, préexiste forcément à la création, à la Loi.

Au commencement du commencement est l'amour, le champ de tous les possibles. Une fois entré dans la loi du temps il est certes régi par l'enchaînement causal : mêmes causes, mêmes effets. Mais le libre choix d'aimer sur terre plutôt que de haïr, de préférer l'indulgence à la condamnation, ne donne-t-il pas à l'homme, et à aucun dieu ni ange à sa place, la puissance d'enrayer les rouages fatidiques du karma ?

Il existe un sujet de l'inconscient qui, n'étant pas, comme le moi, exclusivement déterminé par l'histoire, est en position, quand il est sidéré, de revenir à ce point du temps d'avant le temps historique, comparable à la « case départ ». À partir de ce point d'où un nouveau départ est possible, le sujet peut cesser de répéter pour recommencer autrement.

Cesser de croire à la fatalité de l'Histoire. Savoir qu'on peut toujours recommencer autrement. Créer de nouveaux commencements, bereshit en hébreu, le premier mot de la Genèse. C'est aussi cela l'esprit de la rédemption.

Écartelée entre chagrin et hystérie, colère et dénégation, humiliation et vengeance, romantisme aveugle et cynisme désabusé, j'hésitais encore. Si je voulais apprendre à aimer, ne plus être le jouet de ma mémoire, de mes charges émotionnelles, il fallait poursuivre l'aventure. Pardonner, aller de l'avant en redonnant ma confiance à Foster, le seul pardon à hauteur humaine. Me concéder le bonheur ici-bas. Sans garantie.

— Sans oublier la loi de réciprocité, gronda aussitôt la voix de ma colère. Donner et recevoir. Recevoir pour donner. Si la bonté est à sens unique, la réciprocité constitue la loi de l'amour humain.

Que m'a donné Foster jusqu'à présent ? La question balaya mes bons sentiments à une vitesse supersonique. Ce mufle me trahit et c'est sur lui qu'il pleure !

Tandis que l'indulgence pesait d'un côté, ma rage de mortifiée contrebalançait de tout son poids l'autre plateau. Jusqu'au matin, l'indulgence lutta contre mon désenchantement.

« Forcez-vous, mon ami, forcez-vous. » La blague souvent racontée par O. m'attendait au réveil d'une nuit presque blanche. Sur le seuil de l'église, un malheureux tend la main vers une riche dévote : une pièce, s'il vous plaît, madame. Je n'ai pas mangé depuis trois jours. Mais forcez-vous, mon ami, forcez-vous, rétorque-t-elle.

Sur le moment, je ne trouvai pas ça drôle. L'aventurière de l'esprit que je suis reprit néanmoins peu à peu le dessus.

Il était normal d'avoir peur. C'était l'enjeu même du

voyage vers cette terre où les hommes et les femmes se rencontreraient, auraient peur en chemin, et s'approcheraient quand même. La peur, le gardien du seuil, ne va pas m'arrêter si facilement. Je ne vais pas saboter la chance offerte par cette rencontre. Foster part avec un sérieux handicap. C'est entendu. Mais si je tranche en sa défaveur je ferai à peine mieux. Comme il en rêve lui-même, il finira peut-être par devenir un homme de parole, un homme d'engagement.

Plongée dans ma somnolence matinale, j'entendis Foster monter l'escalier. Comme chaque jour il venait m'embrasser avant de partir au bureau. Je serrai les yeux plus fort. Pas un cil ne bougea sous son baiser. Je n'avais rien à lui dire, aucune envie de lui sourire comme à mon habitude. Je refusais d'oublier que j'étais très fâchée, épuisée de surcroît par cette nuit qui n'avait de blanche que le nom. Noire. Je me sentais noircie. Il s'éloigna en bafouillant des excuses. Ses mots maladroits me touchèrent. Tant que l'autre reste sur son quant-à-soi, je n'ai aucun mal à camper sur mes positions, mais je me liquéfie lorsque je ressens sa honte. Trop bonne poire ! Je m'en voulais de me sentir coupable pour lui.

Je passai toute la journée à la maison, décidée à garder le cœur endurci.

Ce fut un Foster penaud qui rentra du bureau. Devant mon retrait, il se crispa. Il m'en voulait de ne pas l'aimer tel qu'il était. Son regard me bombardait de reproches : toi, un être si spirituel, tu es incapable d'amour inconditionnel. Il me prenait encore pour sa mère ! Pour se venger de mon manque d'égards envers son chagrin, il se drapa dans une dignité boudeuse. Il comptait sur mon désir de transparence pour que je vienne le chercher, reprendre la conversation.

À table il remplissait les silences de bavardages ponctués de petits rires nerveux. En d'autres temps, le ton de sa voix qui sonnait aussi faux qu'une cymbale trouée m'aurait exaspérée. Cette fois, sa lâcheté servit mon dessein. En dépit de mon sentiment encore cuisant d'humiliation, j'entrai dans son jeu.

— Tu as l'air en pleine forme. C'est agréable, énonçai-je d'une voix légère. Bon, on va oublier Monika et continuer. Rendez-vous au solstice d'été dans une semaine.

L'espace d'un bref instant, je le vis blêmir. Il se reprit vite, conscient d'avoir à manifester un minimum de joie. Ne seraitce que par courtoisie ! Il s'approcha pour m'embrasser. Je lui ouvris les bras, fière d'avoir tenu tête à ma colère. Il redevint charmeur. Je retrouvai mon sourire d'amoureuse.

La veille de notre nuit d'épousailles j'étais, comme lui en apparence, de très bonne humeur.

L'invitation à dîner que Foster me lança dans l'après-midi – au restaurant japonais parce que c'était plus rapide –, agrémentée d'un bouquet de fleurs pris chez le marchand du coin – pour ne pas perdre de temps : il partait tôt le lendemain en voyage d'affaires –, ne risquait pas de sacraliser l'événement.

Une fois au lit, attendant qu'il me rejoigne après un dernier coup de téléphone urgent, je contemplai la bougie et le bâtonnet d'encens que j'avais allumés sur ma table de chevet. Point trop n'en faut, certes, mais un geste symbolique pour inviter le divin à éclairer de sa lumière une première nuit d'amour après dix ans d'abstinence me semblait un minimum. Il ne fallait pas non plus sauter de l'autre côté du cheval. De la mesure ! Un rituel discret n'allait pas nous entraîner dans un érotisme cérémonieux. Il signalerait néanmoins à l'univers notre volonté de nous démarquer d'une sexualité prosaïque. Ordinaire ! Ne renier ni mon âme ni mon corps, ne sacraliser ni l'un ni l'autre, l'heure de relever ce défi était arrivée !

Les yeux fixés sur les feux vacillants de la chandelle, je laissai flotter ma mémoire. Elle m'emporta sur les montagnes russes de ma libido née sous le signe du Scorpion. Duos de fusion extatique alternant avec de longues traversées en solitaire du désert des sens. Les volutes de fumée d'ambre indien arrêtèrent mon souvenir sur le matelas tapissé de pétales de roses où Richard et moi avions accompli notre rêve d'union mystique. Les flammes des bougies dansaient ce soir-là aux quatre coins de la pièce, cônes et bâtonnets parfumés encerclaient notre couche d'effluves enivrants.

Héritiers de Woodstock et de Mai 68, de la pilule, des révolutions féministes et psychanalytiques, chacun de notre côté nous avions autrefois engagé nos énergies dans le sexe désinvolte jusqu'à l'écœurement. La légèreté de l'être, confondue avec le seul plaisir des sens, était devenue si soutenable qu'elle touchait à l'indifférence. Conscients d'avoir confondu naturel et ordinaire, Richard et moi avions, dès le départ de notre relation, consacré nos ébats au divin. Cette nuit-là, après de nombreuses esquisses, l'extase partagée avait enfin été au rendez-vous de nos corps.

À l'époque, je n'avais pas décelé l'aspiration fusionnelle qui sous-tend la quête tantrique : transcender l'acte sexuel en sublimant la matière pour que l'âme puisse se fondre dans le Tout, le sujet se dissoudre dans l'essence de son être. Forte à présent de mon oui à l'incarnation et à son irrémédiable dualité, je percevais enfin ce que je n'avais jamais voulu voir : que la nostalgie de l'ailleurs, la soif d'absolu s'emparent des corps qui s'abandonnent au vide. Se perdre à deux dans la lumière céleste m'avait semblé jusqu'alors l'enjeu même du rapport sexuel, l'ultime réalisation de la chair. Partager le néant d'un commun accord. Un rien radical, sans manque, sans limites, dans lequel peuvent fusionner des *Je sans plus aucune identité, vertigineusement emportés – raptés plus que ravis – à des hauteurs cosmiques.*

Depuis ma rencontre avec Foster, les états de transe semblaient avoir perdu tout pouvoir de séduction sur moi. Comme une photo jaunie, ils n'évoquaient plus qu'un passé qui avait fait son temps. Je les contemplais avec l'attendrissement de celle qui en a bien profité. Avais-je juste vieilli ? Certes, mais pas au point de rejoindre les rangs des vétérans qui laissent aux jeunes la ferveur et le lyrisme avec ce petit rien de condescendance qui cache mal la frustration de ne plus « en » être. Alors ?

Un vague écœurement tint lieu de réponse. Le côté instrumentaliste de l'approche tantrique me choqua enfin. N'avais-je pas jusque-là utilisé l'acte sexuel – et mes différents partenaires – pour basculer dans l'espace transcendant où le moi et le monde cessent de se distinguer ? Dans les bras de mes amants je n'avais finalement succombé qu'*à mon seul désir*, suivi le plaisir de mes sens afin de mieux me perdre dans le vide – anagramme du mot Dieu. Dame à la licorne en quête de l'animal magique, du partenaire mythique, je n'avais fait l'amour qu'avec l'amour.

J'en étais revenue enrichie d'une intimité avec moi-même qui perdurait au cœur de mes cellules comme une puissance secrète, indicible, *quelque chose qui ne peut être effacé, [...] vivant à la dérobée de l'inoubliable*. Et l'autre, dans tout ça ? M'intéressait-il autrement que comme outil de mes transports mystiques ? Le bakhti-yoga, le yoga de l'adoration fondé sur l'ascèse de l'oubli de soi que j'avais longtemps pratiqué, avait-il servi en douce mon refus d'être au monde ? Le raffinement des sens auquel m'avait initiée le tantra-yoga, le yoga de l'énergie, masquerait-il un désir inconscient de gommer l'autre, encombrant et décevant par nature ? Échappées magnifiées qui m'avaient permis de conjurer mon désespoir existentiel.

En attendant Foster, je constatai que mon contrat d'amour humain, un an plus tôt, m'avait vaccinée contre les dérobades transcendantales. Je n'y voyais plus que l'effet d'un refus sublimé de l'incarnation. Je m'en étonnais moi-même. Comment dénier à la danse des sens son pouvoir d'accès à *la trans-ascendance, la danse de l'existence vers le haut, dans la joie d'une âme qui ressent qu'elle s'est ouverte à son devenir ?* Quel autre sens donner au rapport sexuel ?

Extase ou chasteté ? Sublimation ou retrait des sens ? Il doit bien y avoir une formule nouvelle à expérimenter qui ne renierait pas le meilleur de ces deux voies, me dis-je. Repenser le sacré dans la sexualité ! L'aventure devenait excitante. Du coup, je me sermonnai : attention à ne pas retomber dans tes vieilles habitudes tantriques avec Foster.

— Bien vu ! m'encouragea ma petite voix. Garde tes transes méditatives pour ta relation privée entre toi et le grand Autre. Si dans l'acte sexuel tu restes tendue vers l'absolu, si tu vises la fusion océanique, c'est le petit autre que tu vas à nouveau tromper avec Dieu. Tu l'as assez fait autrefois.

Contrairement à ce qu'on croit, sous l'influence de son inconscient et de messagers en tout genre, on ne pense jamais seul ! Mais on n'entend pas toujours les conseils et avertissements de nos petites voix, toujours prêtes à élargir notre conscience.

— Au moins Richard et moi, comme deux parallèles tendues vers le même but, ne gommions pas l'autre à son insu. C'est ensemble que nous portions le rêve d'ouvrir la chambre mystique de nos cœurs, grommelai-je.

— Et au résultat tu as constaté que la transe amoureuse ne garantit en rien le lien du cœur, n'est-ce pas ?

Rien à dire ! Je me rendais compte de la chance qui s'offrait maintenant à moi d'explorer une sexualité dont l'altérité serait l'enjeu. Approcher le mystère de *l'autrement qu'être* : l'humain dans l'homme jusque dans la chair m'apparaissait désormais comme dans le droit-fil de mon contrat angélique. Il fallait pour cela avoir connu, comme moi, la honte d'avoir utilisé l'autre comme tremplin pour le septième ciel.

En bon petit soldat, j'éteignis bougie et encens. Exit les rites d'ambiance aphrodisiaque ! Il fallait un jour faire suffisamment confiance à la force naturelle de son âme, cesser de l'exalter artificiellement. Si mes années de méditations et d'extases n'avaient pas affiné mes sens subtils, la dépendance à l'attirail mystique n'y changerait plus rien. Quant à l'âme de Foster, après dix ans passés en ashram auprès d'un maître, elle devrait être au rendez-vous.

Quelque peu excessive, je laissai dans le tiroir l'échantillon de lubrifiant offert par ma gynéco soucieuse de mon confort. L'activité sexuelle est le meilleur moyen de garder son vagin en bonne santé, avait-elle déclaré en me tendant le tube. Je n'avais jamais pensé la sexualité comme un besoin du vagin.

Après tout, chacun de nos organes a son alimentation propre. L'air pour les poumons, l'eau pour les reins, le sommeil pour le cerveau... l'ostéocyne pour les organes génitaux. Logique !

Vivre, c'est satisfaire des besoins : besoin de respirer, de se nourrir, de se protéger, d'aimer, d'être aimé, de connaître, de s'enrichir, de créer [...]. La différence entre les êtres, c'est seulement le domaine, le plan où chacun cherche à les satisfaire.

Penser le bien-être physique comme un enjeu de l'acte sexuel ! La conquête d'un état de plaisir et non d'une sensation momentanée avait de quoi bouleverser mes plus solides croyances spirituelles. Mais je me sentais prête à les réviser tant était délicieuse la sensation que j'éprouvais à imaginer le sourire des anges chaque fois que des humains sont vraiment détendus, de la tête aux pieds. J'en soupirai d'aise et, pour le coup, me détendis, oubliant de m'irriter contre Foster toujours accroché au téléphone comme à une bouée de sauvetage. Il devait avoir encore plus peur que moi. L'idée me fit rire. Après tout, outre l'angoisse classique de ne pas être au mieux de sa virilité, il devait s'inquiéter de ne pas être à la hauteur de son âme, qui plus est de la mienne, celle dont il subodorait l'intensité. Moi, un peu vierge après dix ans, je ne m'inquiétais plus que de la possible douleur physique.

Il arriva avec une moue d'excuse. Il s'attendait à ce que je lui reproche son long coup de fil de dernière minute. Ma bonne humeur sembla l'étonner. J'étais trop excitée par mes nouvelles hypothèses, impatiente de les tester chair et os. Je me glissai dans ses bras. Gagné par mes ondes chaudes et consentantes, il en oublia ses craintes.

Mon corps s'offrit à lui, réceptacle joyeux d'une âme qui pouvait enfin se dilater « chair et os » au lieu de ne chercher qu'à filer vers l'ailleurs.

J'en avais fini avec le « sôma sêma », le corps tombeau des pythagoriciens et de nombreuses traditions spirituelles.

Première nuit d'amour sans fausses notes malgré l'absence de ferveur mystique et les petites meurtrissures d'une chair endormie par des années d'inaction.

Une nuit prometteuse en tout cas !

Conscient d'avoir à réveiller en douceur sa Belle au bois dormant, Foster, pas plus que moi, n'avait pu se laisser aller vraiment. Mais mon instinct ne m'avait pas trompée. Il y avait bien du feu sous la glace très british de sa réserve. Comme par magie l'érection lui rendait la mâle beauté qui m'avait frappée à notre première rencontre. Elle libérait l'homme viril de la mollesse du petit garçon plaintif. Surpris de n'avoir pas à m'initier, à jouer au cicerone avec moi – un rôle qu'il avait toujours pris dans le passé, admit-il plus tard –, il laissa libre cours à sa libido. En cet instant d'élévation charnelle où il se trouvait en phase avec son désir, il existait pleinement. Nul besoin quant à moi de jouer les vestales pour entretenir sa flamme, comme trop souvent par le passé. Je me sentais en confiance avec cet homme-là. Il me permettrait d'embrasser ma polarité féminine, d'exercer ma réceptivité amoureuse.

J'aimais la force que reflétait l'intensité de son visage. N'était-ce pas dans la puissance de vie que se révélait la véritable beauté, l'Éros, l'« être du phallus » pour reprendre une formule lacanienne ?

Je remis à plus tard la réflexion sur les hommes qui se leurrent en croyant l'« avoir » et les femmes qui cherchent à compenser l'illusion d'en être manquantes, alors que l'accès à son « être au masculin » ne dépend pas de l'organe. Ce n'était pas le moment de penser au teint de Foster qui virait au gris lorsque, ne se sentant plus à la hauteur, il se déprenait de son pouvoir personnel. Pas le moment non plus de penser à la violence qui durcissait le ton de ma voix lorsqu'il redevenait petit garçon.

Là il était beau comme j'aimais la beauté masculine. Et moi je me sentais belle au féminin, pour la première fois.

Il va et il vient et se retient avec grâce. Tout va bien. *Il va et il vient. Et je le rejoins.*

La profonde détente partagée ensuite en dépit de notre approche un peu laborieuse du plaisir augurait du meilleur.

En silence, nous laissâmes nos corps entrelacés retrouver leur volume. Puis je dus m'excuser d'avoir à lui tourner le dos. J'avais l'habitude de m'endormir en chien de fusil sur le côté droit. Comme aimanté par la chaleur de mon corps, il se colla à mon dos, son ventre, son bassin enveloppèrent mes fesses. Il posa son bras en travers de mes épaules. Sa jambe contre la mienne. Les pieds en contact. Je me retrouvai lovée dans l'en creux de son long corps comme dans un écrin protecteur. Cette position devint l'espace privilégié de nos sommeils fusionnels.

Au petit matin, il quitta la chambre sur la pointe des pieds après un baiser sur mes cheveux.

— Je rentre directement de Montréal au bureau demain après-midi. Je te vois le soir.

Il n'appela pas de la journée.

C'est vrai qu'il n'est pas parti pour un voyage d'agrément, me dis-je pour calmer ma frustration. Il a dû enchaîner les réunions. Aucun argument ne réussissait cependant à atténuer le pincement familier du manque à gagner qui barbouillait mon estomac : la claire conscience de ce qui aurait pu être, d'une joie gâchée. Il aurait pu trouver une seconde pour appeler. C'est tout de même notre premier matin. Bien sûr, ce n'est pas grave. Juste pas joli. Pas élégant. Il appellera sûrement de l'hôtel ce soir.

Je me trouvais au bord de l'endormissement, hésitant entre inquiétude et irritation, lorsque le téléphone sonna. Minuit. Pas une heure pour s'énerver.

J'accueillis ses darling et autres banalités par des hmm... hmm... peu convaincus qui provoquèrent sa litanie habituelle de désolation : pas eu une minute, couru toute la journée, ai eu besoin de dormir un peu à la pause. Mes onomatopées finirent par lui arracher une parole vraie.

— Je ne sais pas pourquoi je me sens si perturbé.

Silence. C'était reparti. Il ramenait mon attention sur « son » mal-être. Il attendait que je lui explique pourquoi il n'avait pas réussi à m'appeler, que je devine ce qui l'avait paralysé, que je l'interroge pour mieux comprendre.

Je n'eus qu'un mot en lui raccrochant au nez : fuck you !

Surprise, je notai le retour de la vulgarité qui m'avait souvent servi de rempart contre l'accablement dans mes jeunes années. Je pleurai ensuite, non pas tant de chagrin amoureux que de dépit.

Ce fut de nouveau le Foster inquiet et pleurnichard qui rentra le lendemain soir à la maison. Au fond de ses yeux, un air presque satisfait de retrouver une ambiance tendue après cette première nuit trop agréable pour ne pas réveiller sa peur de l'engagement. Il avait réussi à se reconstituer son territoire familier. Le malheur dans lequel il nageait comme un poisson dans l'eau avait repris ses droits et enténébrait à nouveau son visage. C'en était fini de l'homme viril.

De nouveau, j'avais le choix d'arrêter là cette ébauche de relation amoureuse ou de répondre à la plainte par l'invective, la rage, les armes cachées des trop bonnes mères, partenaires agressives de passifs ostentatoirement en retrait.

Après un dîner partagé en silence, Foster se lança dans une longue complainte sur sa difficulté à croire au bonheur.

Je l'écoutais se perdre dans des propos qui tournaient en rond sans logique ni cohérence. Sa peur de mes réactions le rendait précautionneux. Il ne s'était pas imaginé que notre première nuit soit aussi jouissive, disait-il en substance. Il ne m'avait pas crue capable d'être si douce, si réceptive.

— Féminine, en un mot, résumai-je d'un ton sarcastique.

— C'est ça ! Du coup je me suis senti...

— Plus homme !

Son oui hésitait entre le désir d'embrasser son pouvoir masculin et un profond désarroi à l'idée de ne plus être le même. Il semblait lutter contre un avenir qui pourrait être infidèle à son passé.

— Je pensais qu'après ma trahison tu me rejetterais.

Il ne comprenait d'ailleurs pas pourquoi je ne l'avais pas fait, insista-t-il sur un ton si désolé qu'il m'alerta.

Je revis alors son air surpris lorsque je m'étais déclarée prête à archiver son infidélité. Lumière : inconsciemment il était passé à l'acte avec Monika pour me pousser à rompre. L'utilisation de l'ex contre la future ! Un classique de ces terrorisés de l'engagement que sont les passifs-agressifs. Vu ses principes spirituels, elle ne pourra jamais accepter ça, avait-il pensé ! Il s'était trompé. Déstabilisé par ma bonne volonté il n'avait plus su comment reculer. Au cours des semaines qui avaient précédé le solstice d'été, j'étais devenue la locomotive entraînant un wagon poussif. C'était moi qui avais voulu aller de l'avant !

— D'ailleurs, Ninette m'a appelé tout à l'heure.

— Qui ?

— Ninette ! Je lui ai annoncé que nous étions ensemble, ajouta-t-il sur un ton héroïque.

Monika ayant échoué à le protéger de l'engagement, il exhumait une ex plus ancienne !

J'avais cru cette relation vraiment réglée : il m'avait si bien convaincue qu'il considérait cet épisode de sa vie comme une énorme erreur. Il s'était mis en ménage avec Ninette pour se « libérer » du swami R. – une maîtresse femme, précisait-il à chaque fois qu'il parlait d'elle. Consciente de la forte libido de son disciple, elle l'avait très vite assigné au célibat, une ascèse purificatrice traditionnelle. Au bout d'un an, il s'était senti assujetti. Ninette, autre dévote du swami R., lui avait trouvé du charme. Flatté – toujours le même point faible qui amène les passifs-agressifs, comme le Corbeau de La Fontaine, à lâcher leur fromage –, il avait craqué. Au grand dam de son guru.

— C'était une manière de marquer mon autonomie, avait-il ajouté pour justifier sa chute.

— Agressive, à la manière perfide des passifs et, de plus, totalement illusoire, avais-je alors persiflé.

Ce soir-là, à son retour de Montréal, j'en rajoutai. Je tournai en ridicule le courage, dont il semblait si fier, d'avoir annoncé à une ex dont il était séparé depuis dix ans qu'il avait une nouvelle femme dans sa vie. Il n'y avait rien eu de glorieux non plus d'avoir rompu un contrat spirituel avec son guru sans lui en avoir parlé.

— Quand même, en quittant le swami R. et Ninette j'ai réussi à faire des études et à reprendre une nouvelle vie dans le monde, bafouilla-t-il, plus émoustillé que vexé par les lumières que je jetais sur son passé.

— Tu n'as « quitté » personne et surtout pas ta mère. Ce

n'est pas un hasard si tu as choisi pour maître une femme sur laquelle tu pouvais projeter l'image de toute-puissance maternelle. Tu l'as défiée mais elle te fascine et te terrorise toujours autant. Tu restes accroché à ton passé comme un drogué à son joint. Et ta Ninette, tu t'en sers une fois de plus pour torpiller un engagement. Tu as besoin d'elle pour bénir ta vie sexuelle ? Tu parles d'une autonomie ! Et puis d'ailleurs, comment a-t-elle pu t'appeler ? Elle n'avait tout de même pas le numéro de ton hôtel à Montréal !

Après s'être empêtré dans le déroulement de son voyage, il finit par avouer que c'était lui qui l'avait appelée de son bureau.

— Elle était très contente pour moi, susurra-t-il du ton naïf qui insulte si bien l'intelligence des femmes. Elle a toujours pensé que Monika ne me convenait pas. Parce qu'elle n'avait aucune dimension spirituelle, alors que toi, au moins...

Moi, je m'étalai aussitôt de toute ma « grandeur » spirituelle sur la peau de banane de son compliment. Je renfilai illico mon costume de sauveuse impénitente. Mon intoxication au salut, le mien et celui du monde entier, n'avait pas fini de me transformer en pédagogue, de « masculiniser » mon féminin.

— Arrête de prendre tout au premier degré ! L'inconscient, tu as dû en entendre parler, même à Toronto ! Comment peux-tu à ce point n'avoir aucun regard distancié sur les faits ? Il faut un minimum d'introspection pour leur donner du sens.

— Donner du sens à quoi ?

La crédulité qu'il brandissait sous mon nez comme une vertu allumait en moi une rage qui décuplait ma lucidité.

Je le poussai au plus loin de ses retranchements, ne laissant passer aucune faille dans son raisonnement, aucun flou descriptif. Je lui montrai comment il évitait de prendre la responsabilité de ses comportements. Il les noyait dans un ressenti qui justifiait tout. Puisqu'il était sincère ! Certes, ce qu'on sent est toujours vrai pour soi, mais pas forcément véridique.

— L'enfant qui hurle la nuit parce qu'il y a un loup derrière les rideaux est aussi sincère que toi et, quand sa mère tire le rideau pour lui prouver qu'il n'y a pas de loup, il pense : maman est formidable, elle l'a fait partir. Tu as quel âge exactement ? On ne peut pas discuter avec quelqu'un qui affiche sa subjectivité avec une telle innocence infantile.

Je devenais mauvaise. Tranchante. Au bout de mes analyses au laser, il ne resta plus à Foster qu'à admettre qu'il n'avait jamais clos ni son dossier de disciple ni celui de ses ex. Il avait toujours besoin de sa mère et il comptait sur moi pour l'aider à s'en libérer. Sur cette dernière phrase, il versa quelques larmes, entamant son couplet sur la chance qu'il avait eue de me rencontrer, une chance qu'il ne voulait pas gâcher.

L'empathie qui m'amenait à souffrir avec l'autre de ses échecs me fit une fois encore lâcher mon fromage à moi. La dureté pédagogique qui me servait tant bien que mal à endiguer ma désespérance face aux malheurs du monde s'effondra. On ne tire pas sur une ambulance ! Je ne pensais plus qu'à aider Foster à se hisser là où il languissait de s'établir.

— Et qu'est-ce que je fais avec le swami R. ? ajouta-t-il pour mieux assurer sa prise.

Je proposai qu'il profite de sa semaine de vacances pour retourner à l'ashram. Il fallait qu'il ait une conversation d'adulte avec elle.

— On ne quitte pas quelqu'un qui a joué un rôle aussi important dans sa vie sans l'avoir remercié. Seule la reconnaissance permet de prendre un nouveau départ sans renier son passé. C'est comme pour nos parents : on ne pourra jamais leur ôter le fait qu'ils nous ont donné la vie ! Ce n'est pas « contre » que l'on assure son autonomie. S'affirmer ainsi n'est que l'envers de la dépendance qui l'a précédé, le versant agressif des passifs, lui expliquai-je. Une fausse indépendance qui augmente peut-être leur sentiment d'exister, mais ne les guérit pas du manque d'estime d'eux-mêmes.

— Mais qu'est-ce que je peux lui dire ?

— Aujourd'hui, tu devrais être capable de lui raconter

comment tu t'es accompli socialement sans oublier ce que tu lui dois. Montre-lui que tu as compris que ton retrait était une manière de couper le cordon ombilical avec ta mère. La destitution du thérapeute qu'on a admiré, du guru qu'on a vénéré est caractéristique du transfert. En en prenant acte, tu prouverais que tu n'as plus besoin de protéger ton enfant intérieur de l'étouffement maternel.

Le sourire revenait sur le visage défait de Foster. À la seule idée de montrer à son guru qu'il avait réussi sa carrière, il se redressait dans son fauteuil. Sa fierté anticipée lui rendait la mémoire.

— Il est vrai qu'à l'époque elle m'a porté à bout de bras. Elle m'a donné une verticale. Tu viendras avec moi ? Je veux pouvoir te présenter à elle comme ma femme.

Ses traits retrouvaient leur fermeté. L'homme viril n'était pas loin. Et moi qui me flattais d'avoir contribué à son retour ! Ce faisant, je m'enchaînais plus solidement à son besoin dévorant de bonne mère, castratrice si nécessaire ! Mon besoin à moi d'être comprise et reconnue pour ma sagacité collait parfaitement à ce désir.

Pot et couvercle. Il faut être deux pour les tambouilles du malheur.

— Je peux venir dans ton lit ?

Je me mordis les lèvres pour ne pas lui rappeler, une fois de plus, que je n'étais pas sa mère. Acquiesçant d'un sourire las, j'obéis à la petite voix intérieure qui m'assurait que c'était dans ses bras que j'allais apprendre à devenir une amoureuse capable d'altérité. Le souvenir de l'amant transfiguré de notre première nuit fit le reste.

Confirmation immédiate. À peine nos corps entrèrent-ils en contact que, pareil au crapaud qui se transforme en prince, Foster se métamorphosa. Il gagnait en fermeté psychique en même temps que son sexe se raidissait. Son érection éloignait magiquement sa mère de notre lit. La terreur de se perdre dans les abysses d'un féminin castrateur le quittait d'autant plus vite que mon corps s'abandonnait volontiers à sa présence soudain vivifiante.

Les jours suivants, j'observai avec la même surprise l'effet magique de l'érection sur Foster : le durcissement de ces quelques centimètres de chair réveillait sur-le-champ sa souveraineté d'être. Quoi qu'en dise un lieu commun de la psychanalyse, ce n'est pas vraiment leur appendice sexuel que les femmes envient aux hommes, me dis-je. Ni même le pouvoir phallique qu'il emblématise. Énergétiquement, elles y ont accès autant qu'eux. Ce qu'elles pourraient envier, c'est juste le petit miracle physique qui donne corps au sentiment de puissance. Il était si éclatant chez Foster que j'en arrivais à me dire qu'il devait être bien agréable de ressentir dans sa chair cette sensation d'élévation soudaine qui illustre la force créatrice. L'envie de phallus m'apparaissait alors aussi inconsistante que celle d'être Vénus en personne ! D'autant qu'après cet instant de grâce, le retour flagrant de Foster à l'homme immature aux contours flous m'amenait à penser que l'extériorisation de leur virilité rendait peut-être plus difficile aux hommes l'accès à une authentique vibration masculine. Passer de l'avoir à l'être du phallus avec pour référence ce signe éphémère de puissance ne devait pas être plus simple pour eux que ne l'était pour les femmes la construction de leur valeur d'elles-mêmes sur l'absence d'indices apparents !

Je contemplais l'idée ancrée dans la culture occidentale qu'un homme, à l'inverse d'une femme, n'a pas besoin d'être beau pour plaire. Cette rengaine familière qui désigne l'intelligence comme la force d'attraction essentielle de l'homme avait toujours sonné si faux à mes oreilles que j'avais refusé d'en convenir, tout en reconnaissant qu'un homme intelligent est effectivement une compagnie plus agréable qu'un imbécile. Si de surcroît il arrive à vous faire rire, il en devient plus attirant : second couplet du consensus. L'humour rend, en effet, un homme plus plaisant, mais cela ne vaut-il pas aussi pour les femmes ? Sois belle et tais-toi, répond la ritournelle, surtout si tu es une intellectuelle. Tu leur fais peur. Perspective affligeante, à l'opposé absolu de l'espérance portée par le Cantique des cantiques.

Comme un fil d'écarlate sont tes lèvres et ton verbe est désirable, dit l'amant à sa bien-aimée dans cette ode sublime aux amoureux. En un mot, parle, car tes mots sont pour moi un fil d'Ariane vers le mystère du féminin, la part de moi ouverte à Dieu. Parle, car tes lèvres sont une porte sur l'infini. Ta parole me permet de te rencontrer comme autre. Elle me rappelle à l'altérité sans laquelle on ne devient jamais un grand amoureux.

Une chose était sûre. Plus je lui parlais, plus Foster devenait viril dans son allure. Il en perdait son côté beau ténébreux. Sa beauté intérieure me le rendait plus séduisant encore. L'écart entre mon amoureux du jour et celui de la nuit, tour à tour ingénu dans la communication verbale et sûr de lui dans le contact sensuel, se réduisait. À le regarder s'affermir, ma conviction grandissait : l'éros lumineux est l'essence de la beauté. Je me sentais enfin moins frivole d'avoir accordé tant d'importance à ce qui ne semble relever que des apparences. Je comprenais mieux pourquoi l'esthétique, dans l'Arbre de vie* kabbaliste, se trouve au-dessus de l'éthique. Le « Beau » de Kéther, la Couronne, est plus proche de la lumière infinie que le « Bien » de Tiphéret, la Splendeur, ou que le « Bon » de Hésed, la Miséricorde.

Désormais, je me précipitais dès qu'il s'interrogeait sur lui-même. De son côté, il prenait un plaisir évident à préparer le plateau de notre five o'clock tea à son retour du bureau, m'invitant d'une caresse à le partager avec lui.

Après un bref : ça va ? Tu as bien écrit ? qui n'attendait aucune réponse, il relançait au plus vite la conversation sur ses aspirations.

— Tu m'as dit hier que... qu'est-ce que tu voulais dire ?

Je précisais mon interprétation de la veille avant de décortiquer l'épisode suivant de sa vie qu'il offrait généreusement à mon analyse. Du moment qu'il demeurait au centre de la conversation, il supportait très bien que je bouscule ses croyances, que je déjoue les motivations cachées derrière certains de ses choix passés, que je remette en question la façon dont il avait agi ce jour-là avec son assistante, parlé ou non à son patron. À lui seul, le ton sentimental sur lequel il narrait les faits m'indiquait un comportement motivé par le besoin maladif d'attirer l'attention. En miroir, je découvrais ce qu'il restait chez moi de ce besoin. J'avais éprouvé avant lui la fragilité affective des passifs-agressifs. Cela me plaçait au pôle émissif, intellectuel du dialogue tandis qu'il occupait le pôle réceptif, sensitif. Il jouait le bon élève pour mériter ma sollicitude. Je donnais le meilleur de mon intelligence pour assurer mon droit à son amour.

Ce n'est pas à un vieux singe qu'on apprend à faire des grimaces, lui rappelais-je lorsqu'il tentait une ultime justification. Ne connaissais-je pas par cœur les ressorts fondateurs du manque d'estime de soi ? L'attente de l'affection maternelle, voire de ses applaudissements ? La tristesse de l'absence d'un père mort, lointain ou taiseux ? Je le consolais de blessures qui saignaient encore en moi. Je le sauvais des défauts que je ne me pardonnais pas encore.

Si l'attraction, comme la répulsion, est liée en grande partie à la rencontre de deux inconscients, seul l'élargissement de la conscience peut en contrecarrer les effets négatifs, me disais-je pour justifier l'installation de notre couple dans une relation de guérison.

L'intimité dont profitaient nos corps enlacés dans le silence de nos retrouvailles nocturnes me poussait à jeter plus de clarté encore sur nos deux névroses emboîtées.

Il fallait sûrement que j'en passe par là pour accéder à mon féminin, différencier enfin prendre soin et materner. Quant à Foster, c'était l'occasion pour lui de délester son féminin de l'amalgame qu'il faisait entre passivité et sensibilité.

Nommer l'enjeu et en suivre les péripéties épuraient nos corps émotionnels. La danse des sens s'en trouvait allégée. Les ombres diluées dans la lumière de nos consciences rendaient nos nuits plus radieuses. Là, comme parvenues au bout des fantasmes de maternage et hors de tout artifice, nos énergies se plaçaient harmonieusement dans la roue du Tao* du yin de la femme et du yang de l'homme. Magie complémentaire du yin dans le yang qui rend l'énergie masculine émissive et délicate à la fois, et l'énergie féminine réceptive autant que vibrante.

Au fil des semaines qui suivirent, je constatai que dans ce rapport au corps plus taoïste que tantrique, plus énergétique que mystique, ma sexualité gagnait en naturel ce qu'elle avait perdu en transcendance.

Oui, mais... Était-ce l'effet de la fatigue ? D'un changement de ses biorythmes ou de ses hormones ? Ou bien la charge du pôle yang dans l'acte sexuel commençait-elle à lui peser ? Toujours est-il qu'au bout de trois semaines Foster se glissa un soir dans mes bras comme un enfant en demande de câlin.

Une fois n'est pas coutume, me dis-je, l'accueillant dans un contact plus maternant que sexuel. Il en ronronna de plaisir. Cette fois, nos énergies s'accouplèrent sur leurs deux versants féminins. Yin et yin. Douceur et tendresse partagées nous plongèrent dans un sommeil océanique.

— C'est la première fois que je peux me lâcher comme ça, soupira-t-il en s'endormant.

— C'était bon, hier, furent ses premiers mots du matin. Une déclaration d'amour plus qu'une question.

— Hmm... oui, me contentai-je de répondre.

Il était prêt à recommencer. Facile, le matin, de pénétrer la moiteur chaude de mon corps assoupi. Facile de m'ouvrir à lui dans la délicieuse absence à soi-même qui précède le réveil. Niché dans mes bras, il n'avait plus du tout envie d'aller au bureau.

— C'est si bon, gémissait-il. Je ne me suis jamais laissé aller comme ça, ne cessait-il de répéter sur le ton gourmand d'un enfant devant une friandise.

Il y prit goût et se laissa aller de plus en plus, découvrant la *félicité par dépersonnalisation* propre à la nostalgie fusionnelle. S'il te plaît, prends l'initiative des caresses, disait son corps à fleur de peau. Ce que je fis au début avec grâce, portée par le sentiment magnanime de lui ouvrir les portes de son féminin, de favoriser son accès à la béatitude mystique. Elle l'emportait quelquefois aux frontières de l'éternité, là où les étoiles parlent de Dieu, où le moi se dissout dans l'ineffable. Il en revenait si surpris que je finis par l'interroger.

— Au cours de tes méditations, tu n'as jamais basculé dans la conscience non duelle, touché la lumière infinie ?

Jamais !

Le swami R. insistait sur la relation guru-disciple comme seule voie d'approche du divin. Le chemin spirituel qu'elle lui avait indiqué s'était résumé aux grands classiques : le service du karma-yoga, le dévouement du bakhti-yoga et la répétition d'un mantra, en un mot la dissolution de l'ego par le travail désintéressé, l'oubli de soi, le retrait du sens et l'arrêt du mental.

— Nous avons tous à en passer par là. Mais il ne s'agit que d'une étape de purification. L'objectif est d'éveiller les sens subtils qui nous permettent de traverser les voiles de la maya, la réalité illusoire. Donc, si je comprends bien, tu n'as jamais éprouvé le divin en toi-même ?

— Je ne suis même pas sûr de croire en Dieu, laissa-t-il tomber sur un ton désespéré.

La pensée de tout arrêter séance tenante me saisit tel un réflexe de défense face à un péril imminent. Je me rappelai que je m'étais engagée à l'altérité, à l'accueil de la différence. Mon mental prit le relais. Sur la durée d'une vie de couple il est normal d'alterner les polarités féminine et masculine, me dis-je, raisonnable. Le voile qui, l'espace d'un infime instant, s'était écarté sur une vision de catastrophe annoncée retomba aussitôt.

Je proposai néanmoins à Foster que nous méditions ensemble, comptant sur cette pratique consciente du vide pour combler sa soif d'absolu.

— Seule l'intimité développée entre soi et soi-même rend possible une intimité non fusionnelle avec l'autre. Il faut apprendre pour cela à passer de la méditation à la contemplation. Quand tu médites, tu focalises ta pensée sur un point : le yod pour la kabbale, point d'éternité ou point source que la tradition du yoga de l'énergie place derrière le fameux troisième œil. Pour contempler, tu pars de là et tu dilates ta conscience vers les tempes, à l'horizontale en quelque sorte. C'est alors qu'on *entre en espace*, comme dit le poète français Henri Michaux. À la nuance près que lui a choisi le raccourci de la drogue pour parvenir à *cette région de l'être où le vide du ciel et la disparition de soi se rejoignent à l'infini.* La contemplation, elle, conduit à un « rien » qui a plus de chance d'être céleste qu'infernal. Il faut t'entraîner à éprouver ton âme tout seul, darling.

— Mais c'est tellement délicieux de la découvrir en faisant l'amour avec toi.

— Certes ! Dans l'orgasme on bascule aussi dans ce non-espace où, toute pensée suspendue, l'éternité s'éprouve dans un moment de grâce arraché au temps linéaire. Les accros au sexe sont bien souvent des mystiques qui s'ignorent. En tout cas, des chercheurs nostalgiques de l'insondable source du Désir au même titre que les inconditionnels du tantra. Mais l'extase partagée ne garantit en rien la vie de couple, soupirai-je en me remémorant le brusque départ de Richard. Elle relève d'une concentration sur sa propre énergie vécue dans un corps à corps parallèle. Comme dans les autres types de méditation, l'ascèse tantrique vise la transcendance et non la relation amoureuse. Cette discipline sensorielle convenait au caractère de feu de certains dévots, mieux à même d'éveiller leur pulsion d'adoration dans les bras d'un amant que face à un mur blanc. Mais au moindre attachement affectif, les maîtres des grandes écoles tantriques du passé obligeaient leurs disciples à changer de partenaire. Utiliser aujourd'hui la sexualité comme lieu d'apprentissage du féminin est un choix périlleux pour les nostalgiques fusionnels comme toi. Un peu de nirvâna sensoriel ne gâte rien à condition de rester attentif au fait que la fusion gomme l'altérité. Mieux vaut être prévenu.

Foster entrait dans un état de total ravissement lorsque je partageais ainsi avec lui les perles d'expérience ramassées sur mon chemin. Toutefois, contrairement à mon attente, sa pratique contemplative ne fit qu'augmenter le plaisir qu'il prenait à se perdre en moi, à jouir d'une sexualité extatique que j'accompagnais avec de moins en moins de plaisir.

J'en eus vite assez de me retrouver chaque soir au-dessus de lui, imprimant le mouvement de la jouissance à son corps totalement détaché de ma réalité. Son abandon au divin m'effaçait.

Je ne pouvais m'empêcher de sourire à l'idée que je l'avais bien mérité. Combien de partenaires de passage avais-je « traversés » les yeux grands fermés, *eyes wide shut,* prenant mon envol vers l'absolu à partir de leurs étreintes !

Entrer avec Foster dans la communion sensuelle propre aux pratiques tantriques aurait été la solution évidente. J'en connaissais le chemin. Pourquoi tant de résistances à le faire ? Avais-je perdu mon âme dans le bien-être physique ressenti ces dernières semaines avec un amant fier de sa virilité reconquise ? Étais-je devenue paresseuse, préférant une tranquille jouissance à l'escalade des sommets transcendantaux ? Quel sens donner à la sourde colère qui taraudait mon refus de répondre à son invitation au voyage mystique ? J'en fis le sujet de mes prochaines méditations en solitaire.

Là, surprise ! Comme si des portes s'étaient refermées, je n'arrivais plus à basculer dans la lumière infinie. Une injonction et une seule revenait à chaque tentative : pas si haut. Pas si haut. Intriguée, j'obéis en essayant de diriger mon énergie du chakra coronal, centre spirituel du sommet du crâne, vers le front, dans l'espoir d'entrer au moins en contemplation.

Pas si haut, répétait la petite voix. Pas si haut.

J'essayai alors de la descendre au chakra cardiaque, ce que

je n'avais jamais fait auparavant. Enfin la voix se taisait. Je n'y comprenais rien mais décidai de faire confiance au processus. D'accepter que mon âme fasse profil bas dans les bras d'un amant, tandis que la sienne s'élevait dans les miens. Je renouais avec la dimension charnelle de mon corps tandis qu'il grimpait aux nues, s'ouvrant à la lumière tandis que je me contentais d'entrer en contact avec mon cœur. Foster évoluait tandis que j'involuais, en quelque sorte.

À long terme j'ai tout à y gagner, me disais-je, m'exhortant à la patience. N'a-t-on pas les qualités de ses défauts ? À l'inverse des doux-tyrans, rebutés par la proximité affective mais toujours prêts au mariage ou aux contrats irréprochables, le passif-agressif, non engagé chronique, n'en a pas moins une aptitude innée à l'intimité. D'où l'aisance avec laquelle Foster avait ouvert la chambre mystique de son cœur à mon contact.

L'infini, à tout homme, quoi qu'il veuille ou fasse, l'infini ça lui dit quelque chose, quelque chose de fondamental, ça lui rappelle quelque chose. Il en vient.

J'accompagnais avec indulgence ce passage obligé. Foster en étancherait plus vite sa soif d'absolu. Sa nostalgie comblée, nous pourrions profiter ensemble des richesses d'âme rapportées de ses plongées dans l'infini.

Six jours plus tard, nous devions prendre l'avion pour Vancouver, louer une voiture, traverser les sombres forêts de la Colombie-Britannique afin de rejoindre l'ashram du swami R. En secret, j'espérais qu'une fois coupé le cordon ombilical qui le tenait encore prisonnier de son guru, Foster se dégagerait définitivement de sa spiritualité fusionnelle. Il serait alors plus apte à se ressourcer par lui-même au lieu de chercher le divin à travers moi.

Jusqu'à notre départ, puis sur le chemin qui nous menait à l'ashram, je n'eus de cesse de développer le thème de la dépendance aux supposés savoir et pouvoir de l'autre si bien proposés à la réflexion par Lacan. Je le reprenais à mon compte dans le secteur guru-disciple.

Foster appelait toujours le swami R. son ex-guru.

— C'est quoi un ex-guru ? Ce serait comme dire : mon ex-analyste. Il n'y a pas d'ex, que des relations qui se transforment. Ce qui compte c'est que, grâce à elle, tu en aies fini avec tes projections. Sinon tu risques de me prendre comme prochain guru de transfert, avant de faire de moi ton ex-suivante.

Un « autre » signifiant est intégré à notre histoire quand on reconnaît qu'il a été le ferment de notre présent. Au lieu de le conserver comme le fossile d'un « avant » mythique, on lui laisse une place vivante dans notre mémoire. C'est en exprimant ta gratitude envers une personne importante de ta vie que tu dépasseras la vénération propre au transfert et le risque d'hostilité inhérent au contre-transfert. C'est ce qui permet de ne pas traîner de vieilles valises qui encombrent un présent forcément fermé au futur.

Je répétais la leçon apprise un an plus tôt à l'école de l'Invisible. Les informations angéliques devenaient miennes.

Ma conviction et l'autorité que me donnait ma longue pratique de disciple et de guru eurent vite raison des arguments de Foster. À quelques kilomètres de l'ashram, il reconnaissait qu'il avait choisi un guru aussi dur et sévère que sa mère, un père pour se confronter à l'autorité.

— En effet, comme je n'ai pas connu mon père, j'avais besoin d'une femme forte pour me guider. Elle m'a permis, avec fermeté certes, mais était-ce possible autrement, de me situer vis-à-vis de la Loi. Au vu des bêtises de jeunesse que j'avais accumulées, me retrouvant à vingt-cinq ans sans métier et sans avenir, je lui dois une fière chandelle, conclut-il, prêt à lui pardonner la façon quelque peu tyrannique avec laquelle elle lui avait transmis les valeurs d'ordre et de discipline.

— Tu as simplement ignoré, comme la plupart des aspirants disciples, que celui ou celle qui se réfère à la Loi n'est pas la Loi. Peut-être que ton guru l'a quelquefois oublié elle-même, mais ça c'est son problème. Le tien, c'est de te rendre compte que ton manque d'estime de toi a permis ce guru-là. Tu en as récolté les bénéfices secondaires de la dépendance :

être assisté, pris en charge, te sentir protégé, appartenir à une lignée, etc. Il faut en garder le meilleur. Tu vois, sans l'insistance de maître O. à m'envoyer au Canada, je serais encore empêtrée moi aussi dans les projections parentales de mes élèves. En même temps, partir ne suffit pas. Reste à regarder ce qui en nous a permis ces projections. Impossible sinon de faire le tikkoun, les réparations qui vont nous permettre de lâcher un schéma devenu obsolète, de créer un nouveau commencement. Esquiver ou fuir un problème ne le résout pas. On ne quitte bien quelqu'un qu'en l'honorant. Toi, tu es parti en emportant tes reproches dans tes poches sans te rendre compte qu'ils maintenaient ta dépendance. Ce n'est que reculer pour mieux sauter, j'espère. Tu as idéalisé ton guru. La renier ne t'a pas empêché de rester attaché à elle comme ex-disciple depuis dix ans. Tu ferais mieux de pacifier cette relation avant qu'elle ne meure. Les réconciliations sont plus difficiles après et, entre-temps, la dette de gratitude accumule les intérêts.

— Tu as raison, dit-il, soulagé du poids de la toute-puissance qu'il avait projetée sur cette femme.

— Un disciple entre dans sa phase de maturité quand il devient capable d'assumer l'imperfection d'une autorité quelconque tout en lui gardant gratitude et respect. En ce sens, il me semble qu'un véritable maître se reconnaît aussi au fait qu'il ne devient jamais un ex-disciple.

Son guru avait plus de quatre-vingts ans. L'idée de régler leur contentieux rendait Foster tout guilleret. Mais à l'approche de l'ashram, la fierté de lui rendre visite en homme accompli, après dix ans de silence, luttait visiblement contre sa crainte de retrouver face à elle sa peur de petit garçon.

— Tu n'as pas de quoi avoir honte, insistai-je pour détendre ses traits anxieux. Tu as étudié en autodidacte, réussi les difficiles examens de consultant financier, grimpé les échelons pour occuper aujourd'hui un poste de haute responsabilité. Tu gagnes bien ta vie. Tu pourrais d'ailleurs laisser une belle donation à l'ashram. Ce serait une manière concrète de manifester ta reconnaissance.

Soucieuse de lui laisser le champ libre, je lui proposai de l'attendre dans un café le temps de son entrevue.

— Non, je veux absolument que tu sois là.

Je me rendais bien compte que l'idée de présenter à son guru une compagne qui n'était pas tombée de la dernière pluie spirituelle renforçait les ailes encore un peu fragiles de Foster. Pourquoi ne pas l'aider dans cette épreuve qui, en nettoyant un pan de son passé, allégerait notre futur ? J'acceptai.

— D'ailleurs, lui dis-je, j'ai moi-même à vérifier si je suis capable d'assumer ma position actuelle – un swami qui revient à la relation amoureuse en toute conscience – face à une aînée de ma lignée, codisciple de mon propre guru.

Saurais-je honorer son ancienneté sans me rabaisser ou la dénigrer ?

Cette commune opportunité de grandir nous rapprocha et finit de nous convaincre que nous étions faits l'un pour l'autre.

C'est un Foster confiant qui franchit le seuil de l'ashram.

À ma grande surprise, le domaine s'étendait sur des hectares de jardins magnifiques tirés au cordeau, à la netteté impeccable. Un temple dominait la propriété. Les quelques personnes que nous croisions esquissaient à notre encontre un nasmasté – le salut indien – plein de componction. Le silence lui-même semblait sous contrôle. Je commençais à percevoir ce que mon rêve allait éclairer cinq ans plus tard : l'importance, avant de différencier le sacré de l'ordinaire, de distinguer le sacré de la sacralisation. Le côté figé d'une dévotion affichée conférait à ce lieu une beauté de carte postale plus mortifère que vivifiante. La piété fait facilement de l'ombre au sacré ! Je notai en souriant que mon corps restait calme. Naguère, pour être à la hauteur de l'ambiance, j'aurais redressé la taille et serré les fesses.

L'entrevue se passa dans une sérénité courtoise, avec suffisamment d'allusions pour faire entendre au swami R. que l'enjeu de notre visite dépassait le partage du thé et des petits gâteaux, juste assez de silences pour permettre aux âmes de se dire le reste. Pas dupe cependant de la transformation du contrat en cours, elle s'arrangea pour passer un moment seule avec son disciple, le priant de l'accompagner à l'étage pour lui montrer quelque chose. À leur retour, le sourire de Foster criait victoire. Je ne sais pas s'il serrait les fesses mais il se redressait, pour sûr. C'est avec une affection évidente qu'il regardait maintenant celle qui l'avait remis sur la route de la Loi. En retour, son regard à elle disait sa satisfaction. J'espérais tant qu'elle lui ait donné la bénédiction du « va vers toi-même » que doit un jour dire tout parent, guru ou autre mentor à ses ouailles. Je préférai ignorer la petite lueur de triomphe qui brillait dans ses yeux et l'image de rapace qui me traversa l'esprit.

Au début, elle avait été avec moi juste assez polie pour masquer le mépris avec lequel elle considérait un choix qui déshonorait à ses yeux ma fonction de swami. Maintenant, elle était presque obséquieuse. J'observai avec délice que ni son sari orange ni sa réprobation ne m'arrachaient au naturel avec lequel j'assumais mon jean et mon amoureux. Ni justification ni apologie... Aucune fanfaronnade. À chacun sa route de lumière.

En partant, dans un élan de cœur, je passai outre son namasté cérémonieux et m'approchai d'elle pour l'embrasser. Après une minuscule seconde d'hésitation, elle réussit à traverser son image et avança la joue. Son corps perclus de rhumatismes, rétréci par l'ostéoporose, se relâcha soudain dans mes bras. Surprise, je m'accrochai à tout l'amour inconditionnel dont j'étais capable pour oublier qu'en regardant ses mains noueuses nous présenter le plateau de fruits, l'image de la vilaine belle-mère de Blanche-Neige m'était apparue. Une minuscule seconde pour traverser une peur archaïque, et c'est de tout mon être que j'offris à son corps fragile un accueil bienveillant. Sa rigidité fondit contre ma poitrine. Elle semblait soudain si petite grand-mère que les larmes me vinrent aux yeux.

Cela devait faire bien longtemps qu'elle n'avait pas été touchée par quelqu'un.

Dans la voiture qui filait vers l'aéroport de Vancouver, nous partagions Foster et moi la sensation d'avoir vécu un événement. Voir un supérieur comme un antérieur de notre lignée et l'honorer en dépit de ses humaines limitations nous avait anoblis.

Au fond, pensai-je, les rapports hiérarchiques sont la conséquence logique de la dualité. Il ne peut y avoir deux points, deux objets à la même place. L'inégalité, donc la hiérarchie, est irréductible parce que dans le temps il y a toujours un avant et un après. Il faut juste ne pas confondre antériorité et supériorité. La première n'implique pas l'autre. À comprendre cela, contrairement à ce que pense l'enfant humilié en nous, la préséance ne devrait pas limiter les échanges de cœur. Elle devrait nous permettre, au contraire, de nous poser face à l'autre comme sujet autrement que dans la rébellion, l'affrontement et autres formes de dépendances projectives.

— Il faut un jour cesser d'attendre de nos parents, spirituels comme biologiques, la confirmation de notre valeur, finis-je par dire, émue, à Foster. C'est ce qui ouvre au miracle de la paix familiale et probablement conjugale.

— C'est vrai, confirma Foster. Et c'est drôlement agréable de sortir du rapport de forces. Je ne m'étais même pas rendu compte que j'y étais encore. Le miracle, c'est quand elle s'est abandonnée dans tes bras. En dix ans auprès d'elle, jamais je ne l'ai vue aussi humaine. Elle était si belle après.

Là, je crus réellement que nous laissions nos enfants blessés derrière nous. Terminée la guérison du petit garçon et de la petite fille qui empoisonnaient notre advenir d'homme et de femme !

Aucun doute. Nous commencions notre relation d'âmes.

Quel incident, passé inaperçu à mes yeux, fit basculer la suite dans l'enfer ?

À notre retour de l'ashram Foster, soudain étrangement accablé, se réfugia dans un mutisme incompréhensible. N'étions-nous pas sur le point d'acheter une maison ? Cette décision réveillait-elle en lui ses démons ?

Je connaissais, pour ne pas en être tout à fait guérie, la panique qui peut nous saisir au moment de réaliser un rêve. Transformer mon malaise en conflit était le mode, plus agressif que passif, que j'appliquais dans le passé pour crever l'abcès de mes angoisses. Je refrénai mon agacement face à un Foster en retrait. Un pas en avant, deux pas en arrière par crainte du prochain pas : c'était son mode, plus passif qu'agressif, de gérer ses contradictions internes.

Le week-end approchait où, profitant de ses réunions professionnelles, nous partirions en voiture vers un coin perdu du nord de l'Ontario. L'occasion de traverser les plaines interminables encore palpitantes de l'énergie des Indiens rouges. De nombreuses réserves jalonnaient la route. Nous nous arrêterions le samedi et le dimanche soir dans deux d'entre elles transformées, comme beaucoup, en centre hôtelier, avec chambres, restauration et boutiques pour touristes. Les centaines de kilomètres à parcourir nous donneraient du temps pour discuter. Il digérait probablement sa rencontre avec le swami R. Mieux valait pour l'instant le laisser tranquille. D'autant que chaque soir, à peine allongé à mes côtés, son corps s'embrasait de désir au seul contact de ma peau. Nous nous rejoignions dans le bien-être sexuel, aussi sûr et naturel que le fait de respirer. J'aimais me sentir à nouveau submergée sous la caresse de son poids. J'occultai la tristesse qui après l'amour tombait sur son visage. Creusant ses sillons nasogéniens, elle accentuait son air de beau ténébreux absent à lui-même.

Au premier arrêt dans un fast-food, au bord de la route, je le vis, à mon grand étonnement, retrouver sa libido. Son énergie de dragueur, plus « paternante » que séductrice, lui donnait un charme câlin qui remplit l'air ambiant du poison de l'ambivalence. Il se mit à minauder avec une serveuse aussi embarrassée que moi face à son éloge dithyrambique du banal café noir qu'elle lui servait. Bien sûr qu'il prendrait un peu de « son » gâteau. Elle le lui proposait si gentiment !

Espérait-il que j'entre dans la compétition ? Moi qui étais si heureuse d'avoir lâché la place de fille sexy qui tente de décrocher par ses charmes le privilège d'être choisie entre toutes. Par le passé, j'avais suffisamment honoré la vanité masculine en quête de trophées, ou conquis des hommes hésitants trop heureux de s'abandonner à des jeunes femmes entreprenantes. Je pouvais éventuellement imaginer reprendre le rôle de la séductrice au cours d'un interlude érotique. Mais sûrement pas sous la menace d'une rivale !

J'en voulais à Foster de me pousser à cette place alors que je commençais enfin à me sentir libérée du féminin émissif et conquérant des « filles-phalles », femmes puissantes qui prennent en charge la séduction. Une inversion énergétique qui comble l'ambiguïté homosexuelle d'hommes et de femmes au père manquant. À vingt ou trente ans, on ne sait pas toujours que pour ne pas déchoir d'un piédestal envié par une forte concurrence, la « fille-phalle » n'a pas droit au manque, à la fragilité physique. Elle sait qu'au moindre relâchement de son apparence triomphante elle risque la répudiation. C'est ainsi qu'en elle la *future femme est niée et son érotisme naissant condamné*. C'était à ce prix que mon palmarès d'antan s'était enrichi.

J'en avais fini avec la séduction. Un bénéfice secondaire de l'âge une fois les leçons apprises ! Que l'autre me plaise était devenu plus important que de plaire depuis que j'avais consolé la petite fille que son père n'avait pas su regarder.

Devant ses minauderies, je me retranchai dans le mépris. Son numéro de charme ne méritait pas la moindre remarque. En dedans, je bouillais. La colère ancestrale des femmes contraintes à vivre leur féminité dans l'alternance du maternel et de la fille phallique s'était réveillée. Mes silences chargeaient la voiture de tension depuis pas mal de kilomètres lorsque Foster laissa tomber sur un ton guindé :

— Je n'ai pas eu le temps de te dire...

Oups ! L'excuse avant l'aveu. Il se prépare à tirer. Le coup va faire mal.

— J'ai eu Ninette au téléphone.

Je ne le crois pas ! Il me la ressert encore, explosai-je intérieurement en serrant les dents plus fort.

— En fait, elle ne va pas très bien, poursuivit-il. Elle a beaucoup grossi depuis notre rupture et maintenant ça empire.

Et alors ? Que voulait-il que ça me fasse qu'elle s'empâte de chagrin, sinon m'énerver à le voir ainsi mordre à l'hameçon de la culpabilité. Je finis par comprendre qu'il ne l'avait pas appelée une fois, mais tous les jours pour lui remonter le moral et lui raconter sa « libération » de leur guru commun.

— Tu sais, elle aurait besoin de toi pour l'aider elle aussi à couper son cordon de disciple. Elle m'a dit qu'elle serait heureuse de te rencontrer pour te raconter combien elle a souffert de la jalousie du swami R. quand elle et moi étions ensemble.

L'apothéose ! Il pensait sûrement me flatter. Dans la même veine, il m'avait présenté la semaine précédente un couple de ses amis du temps de l'ashram. Traînant les pieds à l'idée de sauver tous les abusés de gurus du Canada, j'avais fini par accepter leur invitation à dîner.

J'avais tout de suite sympathisé avec Nine. Ah ! la coïncidence des prénoms ! J'aurais peut-être dû y voir un avertissement. Depuis qu'elle s'était éloignée du swami R. elle était en manque de discussions métaphysiques. Le plaisir du partage d'idées l'emporta sur la méfiance, surtout qu'Antony, le mari de Nine, époux et père solide, semblait avoir une influence bénéfique sur Foster toujours en quête d'un modèle masculin.

Mon pari d'une spiritualité relationnelle fondée sur la distinction entre le Tout et l'Un les avait enthousiasmés. De même que mon travail sur les chakras comme outil de discernement amoureux et sur les saisons comme portails d'initiations naturelles. Nine m'avait sur-le-champ proposé de donner des cours dans son centre de yoga. Son amitié spontanément offerte me consolait de la rupture avec Terry et des maigres contacts avec Joan depuis le soir où elle était venue dîner à la maison. Elle avait passé la soirée à prendre la défense de Foster contre ma « dureté », lui dispensant des conseils qu'il avait avalés sans sourciller. Elle aussi pouvait être un bon guru, fille-phalle de surcroît. En partant, elle l'avait embrassé sur la bouche. « Avec des amis comme toi, on n'a pas besoin d'ennemis », lui avais-je dit au téléphone le lendemain, mi-figue, mi-raisin. En bon doux-tyran, capable de dénégation jusqu'à la mauvaise foi, elle ne voyait pas où était le problème.

Au passage, je notai que j'attirais beaucoup d'amis atteints du syndrome du guru. Des êtres intelligents qui ne peuvent supporter d'admirer sans se mettre en rivalité. Forte de l'expérience des Bahamas, j'attendais les questions de Nine avant de me lancer avec une prudence de Sioux dans mes interprétations.

— Tu es sûre que tu ne veux pas la voir ? insista Foster.

— Qui ?

— Ninette.

La réponse fusa comme l'éclair. Une rage impossible à retenir déferla sur lui.

— Tu es malade ou quoi ! Tu te laisses embobiner par ta Ninette, la « pauvre », qui flatte ton envie cachée d'être son sauveur. Le calife à la place du calife ! Tu n'as pas fini de rêver de prendre la place du swami R. C'est tout ce qui te reste de ton entretien avec elle ? En tout cas, tu sauveras ta Ninette sans moi.

La colère me rendait lucide au point d'en être prophétique. Des années plus tard, j'appris que Foster m'avait remplacée au centre de yoga. Nine et lui s'étaient associés pour transmettre l'enseignement védantique du swami R.

On ne s'affranchit pas si facilement de ses dépendances spirituelles, de son mauvais rapport à l'autorité. Au père.

Au cours de ce week-end, Foster avait découvert l'arme du silence. Il s'était rendu compte que sous sa menace je pouvais me laisser emporter jusqu'à l'invective ou l'injure. Perdre ma dignité.

Sur le chemin du retour, il en raffina l'utilisation, émaillant ses propos de blancs pleins de sous-entendus. Il finissait ses phrases avec des « bon, je préfère ne pas en parler », sur le ton fanfaron d'un adolescent décidé à ne plus tout raconter à sa mère. J'avais le choix entre le harceler pour lui soutirer les moindres informations comme des perles précieuses ou multiplier les « tu ne me l'avais pas dit ». Alternant les deux formules, je glissai dans le soupçon chronique qui pousse les femmes à éplucher les agendas de leurs compagnons. De la sauveuse à l'inquisitrice, le pas était franchi ! La bonne mère consolatrice passait sur son versant de mauvaise mère. Foster n'avait pas l'air d'en souffrir. Il pouvait maintenant régler ses comptes avec la sienne, castratrice à souhait si j'en croyais ses histoires et qu'il semblait haïr autant qu'adorer.

Une sourde hostilité s'installait entre nous. Même la nuit ne nous rapprochait plus. Je ne prenais plus aucune initiative, abandonnant la place périlleuse de mère nourricière. Campé désormais sur le pôle d'adolescent rebelle du passif-agressif désireux de s'en libérer, Foster ne pouvait que rejeter toute douceur par crainte d'être englouti. La « fille-phalle » qui aurait pu le séduire pour l'amadouer n'était plus une option pour moi. De son côté, il ne savait plus comment approcher la nuit une femme qu'il repoussait le jour par son retrait hargneux. En même temps, il ne pouvait s'empêcher de me désirer dès que sa jambe frôlait la mienne. Il s'était souvent étonné de ce miracle qui l'enchantait dans les premiers temps. Maintenant, il s'inquiétait d'être prisonnier d'un charme de sorcière. Comme une vague qui craindrait de perdre son identité dans l'océan, il se retirait vite de son plaisir, y revenant les jours suivants avec le ressentiment grandissant de l'homme piégé. Il s'en voulait de ne pouvoir résister à l'envoûtement du féminin, le continent noir qui fascine et terrifie tout à la fois la plupart des hommes.

Son agressivité allait en augmentant. Elle passait à l'acte dans de petits gestes qui révélaient son besoin de s'affirmer contre moi afin de me signifier sa pseudo-indépendance. Il était assez grand pour savoir ce qu'il avait à faire était le message de ses « je n'ai pas besoin que tu me rappelles de prendre du pain bio ou d'apporter mes chemises à la blanchisserie. Je le faisais avant ». Il trouvait soudain vexant d'avoir à m'appeler du bureau pour me signaler qu'il serait en retard. Il se rebiffait lorsque je soulignais le côté puéril de sa mutinerie : comment pouvais-je m'agacer de pareilles broutilles ! Il n'avait aucune des intentions que je lui prêtais. Je voyais le mal partout.

— On sait bien que les faits ne révèlent pas toutes nos motivations, répondais-je avec un soupir désespéré. C'est évidemment ridicule de s'y attarder, sauf si on veut bien les considérer comme signifiants. Les interpréter, lire sa vie, c'est ce que tu aimais que nous fassions ensemble avant.

Avant ! À peine quatre semaines depuis notre retour de l'ashram. Son besoin subit d'affirmation finit de me convaincre que sa récente émancipation du swami R. n'était pas aussi achevée que j'avais voulu le croire. Elle l'avait seulement projeté sur le versant masculin négatif du passif-agressif. J'y étais déjà. Son retrait buté cognait contre ma force de raisonnement. Yang-yang. Le rapport de forces était en place !

Mortifiée par les vagues « ouais, peut-être » qui accusaient réception de mes interprétations, je m'agaçais. Le temps de l'admiration avait été court ! Je jubilais quand un argument réussissait à vaincre ses résistances. Les fleurs qu'il ramenait le lendemain soir en témoignaient. Elles m'invitaient à une trêve sur l'oreiller avant la reprise de la guerre froide.

Nos corps aussi étaient gagnés par la méfiance. Le pouvoir magique de la confiance qui nous ouvre à l'autre en dépit de nos peurs ne fonctionnait plus. Nous touchions à un plaisir proche du besoin satisfait. Ni tout, ni rien. Presque rien ! La tiédeur : signature d'une sexualité ordinaire ?

Soyez chauds ou soyez froids mais les tièdes je les vomirai.

La satisfaction n'est pas le bien-être. Elle sert un contentement sans âme, un rééquilibrage quasi hygiénique qui ne laisse après coup aucune joie dans les yeux. Elle n'empêche pas le désaccord ni la méfiance. Nous étions entrés dans un monde où la présomption d'innocence n'existe plus, où le moindre mot, fait ou geste est retenu contre l'autre. L'enfer ! Chacun des deux partenaires sait qu'il est sous l'emprise de son mauvais génie mais continue à tourner en rond dans son système de défense comme si l'autre était passé à l'ennemi.

J'en appelai désespérément au bon sens. Foster traversait une phase d'adolescence attardée. Cela ne durerait pas. Son hostilité testait l'amour inconditionnel qu'il attendait encore de sa mère.

JE NE SUIS PAS SA MÈRE.

Je m'accrochais à cette phrase comme à un mantra pour ne pas être emportée dans ma négativité. Mais j'eus beau me chapitrer, tenter encore et encore de réinstaurer entre nous un dialogue objectif. En pure perte !

— Allons « en Suisse » comme je l'ai toujours fait en période de crise avec mon amie Raphaèle, lui proposai-je maintes fois. On pose les faits en terrain neutre et on les analyse comme un problème extérieur à nous. Ensemble on trouve la solution parce qu'on veut sortir du marasme au lieu de rester chacun sur son quant-à-soi. Comme dit ma mère, tout seul on a toujours raison. Et malheureux celui qui a raison.

Rien n'y fit. Il se drapait dans la froideur courtoise qui seyait à son élégance anglo-saxonne. Face à son flegme, le moindre haussement de ma voix ressemblait à un hurlement. Toutes des excitées, disait son regard réprobateur. L'injure archaïque des hommes qui veulent faire taire les femmes portait d'autant plus qu'elle restait inexprimée.

Son recul me laissait face à l'angoisse de castration, à l'irréductible impuissance humaine. On a besoin de l'autre. Il faut être deux pour s'entendre et s'aimer. Et l'autre peut à tout moment se retirer du jeu, s'absenter du dialogue, cesser de nous chercher.

À bout de nerfs, il m'arrivait maintenant de pleurer. Attendri, mais surtout heureux de ce retournement de situation qui me précipitait du côté de la victime, il devenait gentil avant de trouver une nouvelle occasion de s'affirmer contre moi. Je finissais par crier ma frustration avant de m'endormir épuisée. Qu'elles étaient longues ces nuits dos à dos ! Les jours qui suivaient resserraient sur nous les cuirasses qui nous protégeaient de l'autre mais non du pire de nous-mêmes.

— Il vaudrait mieux que je dorme dans la chambre du bas, suggéra-t-il un matin, sur le ton sirupeux du bourreau qui vous veut du bien.

Contaminée par son mutisme, je ne dis rien. Il trouva son lit fait à l'étage inférieur en rentrant. Je ne pus fermer l'œil de la nuit, tendant l'oreille, entre deux pensées mauvaises, aux seuls craquements d'une nuit interminable.

Comment avait-il pu « nous » faire ça ! Je le lui demandai le lendemain, le suppliant de ne pas laisser ce silence de mort s'installer entre nous. Il faut parler. À tout prix. Penser tout seul contre l'autre est le plus sûr chemin vers la fin. Il faut que tu viennes me chercher quand je n'arrive plus à t'appeler.

— C'est toi qui m'as installé en bas ! Je croyais que tu voulais rester seule.

— Mais toi, toi, tu ne veux jamais rien par toi-même ?

— Je ne voulais pas te déranger.

Si à l'époque, je m'étais suffisamment aimée moi-même, je me serais arrachée à l'humiliation insidieuse qu'il distillait avec une innocence frisant l'inconscience. Mais je ne pouvais me faire à l'idée de mon échec personnel de sauveuse. Tout était ma faute ! C'était moi qui n'avais pas encore trouvé la bonne clé, qui n'étais pas à la hauteur du salut que je voulais lui apporter. Incapable de l'arracher aux démons qui l'éloignaient de moi, j'endurais la torture pour me punir de mon incompétence amoureuse. Empoisonnée par mon perfectionnisme, je n'avais pas encore perçu le mépris violent pour les femmes qu'il dissimule. Faibles ! Fragiles ! Vulnérables ! À chacune des dérobades de Foster, je me dévalorisais un peu plus, jusqu'à détester la femme impuissante que j'étais devenue. Je cautionnais par là même sa misogynie, laissant mon masculin négatif la hurler à sa place.

Il jetait alors sur moi le regard condescendant des hommes sur les femmes « hystériques ». Honteuse, je rentrais ma colère, sans comprendre qu'en dépit de son étymologie le mot renvoie davantage à la part masculine humiliée de l'être humain qu'à sa part féminine. La guerre est une affaire d'hommes, les femmes n'étant hystériques que dans la mesure où elles prennent appui sur leur guerrier intérieur pour s'en sortir. Petit à petit, la violence ordinaire s'installait à demeure entre nous.

Ainsi, entre l'homme et la femme, la discorde naît-elle de ce qu'ils partagent : le refus du féminin.

Chaque journée nous offrait de nouvelles raisons de nous barricader dans notre subjectivité. Nos spirales égocentriques nous enfermaient en nous-mêmes. Chacun était « compris » – pris dans le discours intérieur de l'autre –, disséqué, inculpé sans droit de réponse. Nos condamnations mutuelles relevaient de raisonnements sans points d'interrogation.

Les pensées tournent vite en rond dans la tour d'ivoire d'un mental acharné à donner tort à l'« ennemi ». On bâtit en secret ses points de vue sur lui. On anticipe. On sait d'avance à quoi s'attendre, et ce d'autant mieux que les systèmes de défense sont d'une banalité qui les rend si prévisibles. Les « je le savais bien », « je m'en doutais » activent chez le passif-agressif son syndrome d'incompris et chez le doux-tyran celui de martyr de l'injustice. Blessure narcissique ou d'amour-propre, dans ces moments-là ne restent face à face que deux manques d'estime ou de valeur de soi infectés par la mortification ou la vexation.

Sur ses failles affectives ou intellectuelles, chacun résiste comme il peut pour ne pas sombrer dans le désespoir ou la vengeance, pour s'opposer à la résignation ou à l'envie de contrôler l'autre, de le changer. Le dialogue ne s'établit plus qu'entre arrière-pensées qui broient l'ami, l'amant d'hier dans la machinerie des jugements.

Foster réduisait sa communication au strict nécessaire. En même temps, il s'indignait lorsque j'évoquais l'éventualité d'une rupture. Ni sans, ni avec. J'avais droit aux fleurs et au restaurant quand je lui tendais une main amie. Dès que je le poussais au dialogue ou le rappelais à ses responsabilités, il se retranchait avec flegme derrière son journal. À l'aune de sa névrose de fuite, j'étais devenue l'emmerdeuse qui coupe les cheveux en quatre, la version inquisitoriale de la sauveuse. Harcelé ! Il se sentait harcelé et qui plus est, injustement. Qu'avait-il fait de mal ? C'était moi qui voyais le pire partout. Lui était sincère, donc innocent !

À m'entendre vitupérer avant d'éclater en sanglots, à le voir se taire avant de fuir, je me demandais, dans mes rares moments de calme, comment moi qui avais tant décortiqué les ressorts des conflits de pouvoir, j'arrivais encore à me laisser prendre à leurs pièges passionnels. Démunis face à l'altérité, la radicale étrangeté de l'autre qui peut à tout moment changer d'avis comme d'humeur, nous étions tous deux devenus les jouets de notre ressenti et de nos émotions.

J'en parlai à Nine. Heureusement qu'elle était là ! Foster et moi passions tous les week-ends de cet été tourmenté dans sa belle maison, profitant de la piscine et de la campagne environnante et, en ce qui me concernait, de ses élèves de yoga.

Je retrouvais mon bonheur d'enseigner. Le plaisir de l'intelligence me rendait un peu de sagesse. Je profitais des questions du groupe pour faire passer dans mes réponses des messages à un Foster fasciné. « Ma fille je te parle, ma belle-fille c'est à toi que je m'adresse. » Combien de fois ma mère m'avait-elle rappelé cette boutade juive lorsqu'elle m'exhortait à plus de diplomatie ! Elle avait raison. Éclairés par mes développements philosophiques sur les chakras, mes reproches passaient inaperçus. Lorsque j'expliquais que le premier chakra, notre centre énergétique de survie, celui qui décide de notre élan vital, marchait au ralenti tant que nous n'avions pas guéri de la nostalgie de l'ailleurs, Foster « entendait » mon appel à se réconcilier avec sa naissance en dépit de sa mère ! Il lui devait d'être sur terre.

— Là s'enracine notre force terrestre. Si notre vitalité ne

s'alimente pas à ses pulsions de vie, elle s'empoisonne aux énergies mortifères de survie capables d'éveiller le meurtrier en nous, celui qui tue pour ne pas être tué, expliquai-je. La peur de vivre, plus forte peut-être que celle de mourir, fait tourner ce chakra dans son sens négatif. Le refus de l'incarnation englue le passif-agressif dans la mélancolie et le doux-tyran dans le contrôle. Il faut, paradoxalement, nourrir notre âme pour empêcher notre soif d'absolu de nous entraîner dans des quêtes de paradis à fonds perdus.

C'était ma thèse. Elle s'était considérablement enrichie et confirmée depuis ma rencontre avec Foster. Bénéfice secondaire de la dérive en cours. J'en devenais plus clémente. Lui plus affable. Il se proposa même d'enregistrer mes conférences afin de pouvoir les réécouter.

Le dimanche soir, sur le chemin du retour, il me posait une foule de questions métaphysiques. Il en redevenait physique. La nuit nous retrouvait enlacés. Miracle de la parole qui, à défaut d'une véritable paix, nous offrait au moins une trêve. Un espoir ! Et la confirmation pour moi que parler est la clé de notre pouvoir créateur, celui de créer du lien. L'échange verbal, une précieuse voie d'éveil à la conscience.

Le lundi matin, je me demandais si je n'avais pas rêvé notre conflit. Si, comme le disait Raphaële à qui je téléphonais souvent, je n'étais pas en train de saboter une bonne relation. Nine était du même avis. Dans le genre : après tout, c'est un bon garçon. Il ne fume pas, ne boit pas, ne dépense pas son argent au casino, rentre tous les soirs à la maison... Les tensions sont inévitables dans un couple. On n'est pas obligé de faire l'amour tous les jours. Moi-même, avouait-elle, je n'en ai plus souvent envie. Mais on s'entend bien quand même, Antony et moi. On s'aime !

En bref, ce n'était pas grave ! La formule magique, le mantra par excellence des doux-tyrans, les spécialistes de la dénégation. Ce n'était pas grave, certes. J'essayais de m'en convaincre. De faire des compromis ! De « fermer les yeux », comme disait Nine.

Foster se détendait dans la routine mollassonne de nos échanges. Mes amies avaient-elles raison ? Boulot, télé côte à côte, dodo souvent dos à dos. Je m'étiolais néanmoins, incertaine de trouver mon compte d'amour dans ce pâle quotidien. D'autant que la rétention verbale semblait chez lui aller de pair avec une économie de cœur qui se transférait au porte-monnaie. Quand il me parlait, c'était généralement pour faire des comptes. Maintenant que je gagnais quelques dollars chez Nine, il devait trouver légitime d'aborder ce sujet. Plus qu'humiliée, j'étais dégoûtée. Comment pouvait-il descendre notre relation des hauteurs où nous l'avions rêvée à des comptes d'apothicaire ? La question de l'argent – une énergie comme une autre – ne se posait pour moi qu'en termes de polarités et non de calcul.

Dans cette relation, j'avais décidé de réparer mes excès de féministe tellement soucieuse de parité qu'elle ne peut plus rien « recevoir » avec le sourire, fût-ce un compliment. C'est pourquoi je regardais ailleurs lorsque l'addition arrivait sur la table au restaurant, attendais Foster loin du guichet quand il prenait les tickets de cinéma et ne posais aucune question quand il ramenait nos places d'abonnement aux concerts. Je musclais mon côté féminin. J'occupais cette place pour la première fois de ma vie non sans avoir fait taire au passage ma culpabilité. Il gagnait largement sa vie. N'était-il pas installé dans « ma » belle maison ? Je croyais qu'il avait compris que l'inégalité dans le partage des frais me « coûtait » et qu'il payait en donneur, pas en comptable. Et il me soupçonnait maintenant de profiter de lui ! Ce n'était pas grave... c'était moche ! Pas bien ou mal, ni bon ni méchant. Vilain ! Et cela me faisait bouillir de rage. Parce que le tact et la noblesse ne s'expliquent pas, je me sentais sans recours devant ce qui m'apparaissait comme de la grossièreté.

J'usai mes dernières cartouches à lutter contre la trivialité qui figeait peu à peu les traits de Foster. Il en perdait son « visage » et avec lui sa virilité. Son opacité me contaminait.

À bout de nerfs, un soir de septembre...

— On ne peut pas continuer comme ça !

— Comment « comme ça » ?

Il n'avait toujours pas remarqué qu'il était en retrait depuis plus de deux semaines !

Accablée, je m'éloignai, prête, une fois de plus, à ravaler ma fureur grandissante, le laissant lire tranquillement son journal. Mais ma frustration débordait de toutes parts. Je revins sur mes pas. Ignorant mon revirement, Foster s'enferma dans sa lecture comme dans une forteresse.

À bout de compromis, la gentille « épouse » des derniers jours explosa.

— Ça suffit. J'en ai assez. Maintenant on parle.

Il ne bougea pas même un cil.

J'attrapai un des petits coussins du canapé, le lançai au travers de la pièce. Je jouis du bruissement des pages de son journal qui se ratatina entre ses mains. Il se leva, s'avança vers moi les yeux fulminants de rage. Je pris un autre coussin et quand il se trouva à ma portée, je tapai de toutes mes forces. Sa tête, ses bras, ses épaules... comme un tapis qu'on bat. Un instant figé par la stupeur, il finit par bloquer mon bras en l'air d'une main brutale.

— Ne fais plus jamais ça !

Le temps de me dire qu'il avait vu trop de mauvais films, le coussin tomba à terre de même que ma colère dont il ne resta soudain plus rien. Rien ! Et dans cet abîme sans fond, je compris les femmes qui, en place de coussin, attrapent un couteau et le plantent où elles peuvent dans le corps ennemi.

En cet instant, avilie, blessée, j'ai éprouvé la détresse qui pousse au pire, la part d'ombre du féminin. Enfin solidaire des femmes maltraitées, j'ai aimé sans réserve toute la femme en moi.

Pour que cesse la violence, à commencer par sa version conjugale, la plus courante, il faut sûrement avoir un jour regardé en face la rage du survivant qui nous habite, celle qui cogne pour ne pas crever de peur, de chagrin ou d'épuisement. Rencontrer un jour la honte de se découvrir tueur en puissance.

En un éclair je vis ma défaite. La part en moi capable d'être humiliée à mort. Elle était le levier de la violence qui peut nous embraser à notre corps le plus défendant. Mise en lumière, elle désigne la vigueur inépuisable de la pulsion de mort. Incontournable ! On n'en neutralise les effets mortifères que par un amour inconditionnel de la vie : le seul bien vraiment sacré !

Un calme olympien m'envahit. Je faillis éclater d'un rire nerveux en voyant la tête encore menaçante de Foster, prêt pour le prochain round. La haine du féminin qui se lisait dans ses yeux acheva de me convaincre qu'elle était le moteur inconscient de toutes les névroses relationnelles. Les femmes n'en sont pas exemptes. Sur fond de la classique collusion victime-persécuteur, souvent elles se croient à l'abri du mépris des hommes en passant dans leur camp. Elles ne font que leur ressembler. Misogynes contre elles-mêmes ! C'était ma dure leçon du jour.

Qui a peur de Virginia Woolf ? La Mégère apprivoisée, Médée, des images de passions perverties, quelquefois dégradantes, sur fond de femmes malmenées, souvent au nom du bien, défilèrent dans ma tête. Foster et moi étions les acteurs d'un drame mille fois ressassé. Comme si le malheur rendait une relation plus intéressante ! L'idée me rebutait. Elle me forçait à admettre que j'idéalisais l'intensité, oscillant entre l'intoxication aux endorphines de l'extase et les transes de l'adrénaline. Notre commun refus de l'incarnation devait trouver dans le mélo un écho névrotique à notre soif de feu sacré. Les gens heureux n'ont pas d'histoire. En faire pour se sentir exister... je me trouvais ridicule dans le rôle. Quand allais-je trouver mon aiguillon de plaisir dans la simple joie d'être vivante ?

— Ne t'inquiète pas, cela n'arrivera plus, pour la simple raison que c'est terminé.

— Qu'est-ce qui est terminé ?

— Nous. Ça !

« Tout est fini entre nous » aurait été une réplique plus conforme au style du mauvais film en cours. Devant son air ahuri, je préférai le « je pars chez ma sœur ».

— Je voudrais qu'à la fin du week-end tu aies quitté la maison.

Le masque du « méchant » glissa d'un seul coup de son visage. Il ne tenait en place qu'à la mesure de mon manque d'estime de moi ! Soudain désorienté, Foster balbutia :

— Tu veux que je parte ?

— C'est exactement ça.

— Et mes affaires ?

Ses affaires ! Son sens de l'essentiel me laissa bouche bée.

— Tu peux laisser tes cartons dans la chambre du rez-de-jardin.

Tranquillisé, il alla se rasseoir dans son fauteuil en déplissant soigneusement les pages chiffonnées de son journal. Triste spectacle dont je jubilais néanmoins : j'étais sortie du scénario !

L'heure avançait. Il fallait appeler au plus vite Stéphy pour qu'elle ne s'effraie pas de mon arrivée en pleine nuit.

— Bien sûr que la maison t'est ouverte. Viens tout de suite. Le lit de la chambre bleue est prêt. Je ne mettrai pas l'alarme. Tu restes autant de temps que tu en as besoin.

« Le sang est plus fort que l'eau. » Encore une formule de sagesse juive chère à ma mère. Une fois de plus elle avait raison. Nous pouvions être en froid, fâchées même, ma sœur aurait toujours une porte ouverte pour moi. Ce fut le cœur réchauffé par le ton généreux de sa voix que je montai prendre ma brosse à dents et quelques vêtements. Stéphy aurait toujours un pull à me prêter. La perspective de chiner dans ses armoires comme avant la crise qui nous tenait encore éloignées l'une de l'autre me consola un instant de l'écroulement de ma relation avec Foster.

Dix minutes plus tard, je redescendis au salon avec mon baluchon. Foster, toujours impassible dans son fauteuil, s'accrochait à son journal avec l'air stoïque de celui que la tourmente n'atteint pas. Quand il vit que je me dirigeais vers le garage, il finit par ouvrir la bouche.

— Attends une minute !

Enfin il me rattrapait. In extremis.

— Je vais déplacer ma voiture pour que tu puisses sortir la tienne du garage.

Sans commentaire.

À force d'être mauvais, un mélodrame finit toujours par tourner à la farce.

Toute la nuit, chez Stéphy, dans le vaste lit de la chambre bleue, je m'écorchai aux arêtes tranchantes du manque à gagner.

Foster aurait pu être plus... moins... C'était absurde. Il était comme il était. Le comprendre ne changeait rien à la douleur cinglante, proche du désespoir, qui me déchirait. Qu'est-ce que je regrettais ? Foster ? Je n'étais même pas sûre de l'aimer ! M'étais-je jamais vraiment posé la question ? Foster ne m'avait jamais fait la cour. Lui en avais-je laissé le temps ? Et moi, lorsque j'étais tendre avec lui, n'était-ce pas davantage pour lui donner le courage d'affronter ses ombres que par pulsion érotique ?

L'attirance physique de départ ? Une évidence, non l'assurance d'une bonne relation, comme chacun sait. Les valeurs dont nous avions débattu, allongés sur le canapé du salon ? À les discuter des semaines durant, nous étions devenus de bons compagnons d'étude. Impossible de marcher côte à côte si on ne regarde pas dans la même direction, mais une philosophie commune ne fonde que la part amicale de l'état amoureux. Et l'amour dans tout ça, la résonance entre deux désirs d'âme ? J'avais cru que Foster m'aimait parce qu'il avait été ému par mon rêve de couple. Et moi, ne l'avais-je pas aimé parce qu'il en avait envie ? Une intention partagée soude des compagnons de route, mais l'écart entre l'intention déclarée et les motivations cachées se révèle vite : tomber le masque chez les doux-tyrans, ne pas s'engager chez les passifs-agressifs comme Foster et moi.

Rêver d'amour ne garantit pas le désir, encore moins le talent d'aimer !

En cet instant, chagrin et prise de conscience ne firent qu'un. Le songe métaphysique sur mon choix d'incarnation que j'avais traversé pendant les jours de Noël 1991 m'avait évité de projeter sur Foster mon idéal de prince charmant. L'âme-autre n'est pas de ce monde ! Mais j'étais encore accrochée à l'image de couple parfait vécu dans la bulle originelle dont nos cellules gardent la trace. Un appât empoisonné pour notre nostalgie de l'ailleurs !

Avec Foster je m'étais engagée à vivre l'altérité en conscience, à m'ouvrir à la différence sans me laisser piéger par les joies bien naturelles du « même ». Ce n'était pas lui que je pleurais mais le couple dont nous avions rêvé ensemble à l'écoute de la cassette des Bahamas et qui était devenu l'« enfant » sur lequel, comme beaucoup de parents, j'avais accroché ma fierté. J'avais perdu le contenant dans lequel déverser mon rêve, ma soif d'idéal. Pendant que j'évitais de sacraliser notre sexualité, je n'avais pas vu que j'idéalisais notre couple.

— Tu as raison, glissa la petite voix. L'idée de couple peut, elle aussi, devenir une forme de consolation ou de compensation du paradis perdu.

— Il faut bien rêver. Sans rêve, aucun chemin ne commence. On le remplace par quoi ?

— Par une création vivante, sans cesse renouvelée, du lien amoureux. C'est la condition sine qua non du devenir amoureux. L'amour n'y suffit pas ! Pas plus que les bonnes intentions.

Je comprends ! Je comprends que l'idée de couple ne sert finalement que la peur, celle de l'intimité autant que celle de l'engagement. Couple-société pour les doux-tyrans soudés par leur rigidité morale. Couple sacré pour les passifs-agressifs assoiffés d'absolu. Le mariage devenant pour les premiers, militants de la solitude et qui, la tête sur le billot, jureraient encore de ne jamais s'ennuyer seuls, l'objet de transfert d'un foyer réussi, d'une famille admirable. Pour les seconds, militants du partage, celui d'une inatteignable harmonie céleste. Ainsi, les uns comme les autres se protègent d'une véritable rencontre avec l'autre, avec l'altérité, en utilisant de bonne foi leur idéal comme garde-fou !

D'accord pour sacrifier mon fantasme de beau couple sur le bûcher des humaines réalités. Au point où j'en suis ! Et après ? Après ! Mes larmes coulèrent comme si elles ne devaient jamais s'arrêter.

Pourquoi votre belle-sœur est-elle si triste, avait un jour demandé maître O. à Eli, mon beau-frère, évitant ainsi de me bousculer en direct avec cette question. Malade ! J'étais malade d'amour. Triste à en mourir de « connaître » l'amour, de me sentir née de lui, faite de sa quintessence et désespérée de ne pouvoir le concrétiser dans une relation amoureuse.

J'avais enfin la réponse.

« Les mélancoliques sont malades de la vérité et les hystériques prisonniers du mensonge », a dit Freud. Le déni, l'hystérie des doux-tyrans ? En cet instant, j'enviais leur capacité à oublier, à perdre leur mémoire d'âme dans le désert de la dénégation. J'aurais mieux fait de ne pas retrouver la mienne ! Trop tard ! J'en voulais à Foster d'avoir piétiné mon château. J'étais à nouveau une princesse en exil.

Comment vivre avec le souvenir secret du pur amour qui nous a engendré au commencement des temps sans le projeter sur une relation ?

Soudain, la chambre bleue s'emplit d'une étrange énergie qui m'enveloppa de douceur soyeuse. Elle me calma instantanément.

— Jamais seule, même en exil.

Pas vraiment une voix. Une sensation sonore, plutôt, qui glissait sur mon corps comme un rideau de perles. Une présence que je n'avais jamais ressentie. Elle m'entoura d'un nuage et se densifia en un voile protecteur qui me semblait tissé dans la substance même de la paix.

— De la consolation, reprit le murmure. Je suis l'ange de la consolation.

Mes derniers doutes fondirent. Décidément il y avait du monde dans l'air. Le vide n'était pas le rien. Il était plein. Qu'on les appelle âmes, esprits ou anges, ils peuplent l'univers de présences, de paroles d'amour aux nuances infinies qui transitent sur son *réseau de cordes*. Là, j'étais bercée dans les vagues sonores de la consolation. Une apaisante lumière qui, comme mon ombre, ne me lâcha pas d'une semelle pendant trois jours.

Consolé, on sort plus vite de la confusion. Je voyais maintenant sans œillères comment j'avais toujours transféré mon amour de l'amour sur les hommes, beaux de préférence. Je me demandais toujours trop tard si j'étais amoureuse d'eux ! Schéma répété avec Foster.

On ne peut oublier ce qu'on sait au plus profond de son âme. L'amour est au commencement. En lui, *nous vivons, nous nous mouvons et avons notre existence.* L'ennui est que pour le vivre sur terre il faut le transformer en verbe d'action : aimer ! Qui plus est, en verbe transitif : aimer quelqu'un. Ou plusieurs, parents et amis, chacun au singulier. Et encore apprendre, comme le Petit Prince, à apprivoiser la rose élue entre toutes les roses du jardin de l'humanité.

On naît de l'amour mais on ne naît pas amoureux. On le devient ! En cultivant son cœur comme un jardin.

Lorsque, à la fin du week-end, je revins chez moi, tout chagrin avait disparu. Foster aussi. Il n'en restait que ses cartons au sous-sol. S'il est vrai qu'un bon diagnostic est la moitié du remède, j'étais à moitié guérie du manque à gagner, de la frustration de ce qui aurait pu être.

À défaut du plaisir d'être lovée dans les creux d'un corps enveloppant, je retrouvai celui d'allonger mes jambes en travers du lit avant de m'endormir. Je me remis à l'écriture, délaissée en ces temps de crise.

Le mythe de l'artiste torturé qui écrit, peint ou compose dans les affres du désespoir m'était étranger. La tranquillité allait mieux à ma plume, au clavier de mon ordinateur plutôt. Le calme m'ouvrait à l'inspiration, le souffle de l'esprit qui fait naître dans nos pensées une foison d'idées, d'images, de sensations, parfums et couleurs qu'il nous faut ensuite transcrire au plus près. Ma cocréation avec l'Invisible fonctionnait mieux depuis que mes dernières résistances à adopter la thèse d'un « vide plein » étaient tombées. Les émanations apaisantes de l'ange de la consolation avaient fait le miracle. Mes antennes s'affinaient. Les petites voix passaient mieux.

Dans mes méditations solitaires, je ne visais plus le Tout ou le Rien des nostalgiques de l'absolu, des désenchantés de l'existence ou des encombrés du poids d'autrui, mais l'infini. À l'écoute de l'univers, j'accueillais les flots de lumière sans plus chercher à les traverser. Au lieu de me fusionner au mystère, j'en découvrais l'altérité transcendante. Un silence sidéral plein de vie, animé de murmures captés par les oreillettes du cœur m'invitait à devenir dauphin, à développer une communication sonique avec l'océan cosmique. De jour en jour j'entrevoyais plus clairement son réseau informatif, percevais la résonance qui dans l'univers relie, de proche en proche, tout ce qui vit. Pas un seul élément de l'ensemble qui ne soit interdépendant.

« Il y a de l'Un », disait Lacan. Je commençais à en ressentir la réalité quantique*. Dieu serait donc « Un », eḥad, au sens où il unifierait un infini pluriel ? Que d'heures passées à contempler la question ! À défaut de preuves, j'éprouvais l'Un. Énergie ou substance unifiante de l'univers ? Aux physiciens d'en débattre. Elle emplissait en tout cas le vide de présences invisibles, *invisibles pour les yeux* mais pas pour le cœur.

À nourrir ainsi mon âme d'infini communicant, ma réconciliation avec la vie allait bon train. Ma conscience d'unité m'ouvrait à une neutralité bienveillante à l'égard du monde. Je n'en voulais même plus à Foster. Ma solitude ontologique, allégée de l'aspiration fusionnelle au partage, se vivait plus joyeusement. Ma violence s'apaisait. Les discussions avec Ninc stimulaient mon esprit. Du coup, j'avais accepté de reprendre mon enseignement en France. Un premier atelier était programmé pour novembre. Stéphy et moi retrouvions le plaisir de faire les magasins ensemble. Ma mère se détendait. Les repas du nouvel an eurent cette année-là un véritable air de fête. La nostalgie n'était plus ce qu'elle était.

J'étais seule et jamais seule à la fois ! Alone et all one, pour reprendre un des jeux de mots favoris du swami V.

People who need people are the happiest people in the world, les gens qui ont besoin des gens sont les plus heureux de la terre, chante Barbra Streisand. N'avoir besoin de personne n'est pas une preuve d'autonomie mais une illusion d'indépendance ancrée dans l'ignorance. En même temps, l'interdépendance qui fonde la création permet de vivre la solitude sans jamais se sentir seul.

Cette rupture me fait le plus grand bien, me disais-je tous les jours. Merci Foster !

Tout compte fait, comme après une gestation, les neuf mois passés ensemble accouchent de nombreux bienfaits.

Grâce à toi, je vois les limites du couple de guérison. Il

échoue si en parallèle on n'édifie pas sa force intérieure à la verticale entre soi et soi-même. Ni la compréhension, ni l'analyse, ni même la quête de sens la plus sincère ne résistent au manque de souveraineté d'être. Sans contact avec sa dimension spirituelle, l'ego finit toujours par prendre le dessus !

J'ai vérifié qu'on étanche sa soif d'absolu à la source du silence éternel et qu'on nourrit d'infini son âme dans l'espace du cœur. On peut partager ses états d'âme, dilatation, joie, beauté, mais on ne se ressource qu'en solo. Si l'accompagnement d'un maître, d'un thérapeute, le soutien d'un ami aide à cultiver son jardin intérieur, c'est à soi-même qu'il incombe de s'approprier sa place au soleil ! Ma route du devenir amoureux est encore longue mais le premier obstacle est franchi : je ne confonds plus amour et savoir-aimer. L'ailleurs a perdu pour moi de son pouvoir enchanteur.

Tout allait bien. Sauf quand arrivait l'heure des repas.

« Que mes ennemis mangent seuls. » La boutade des juifs qui adorent les grandes tablées commençait à faire sens pour moi. Certes on est « seul dans sa peau », comme dit Raphaèle en bon doux-tyran, toujours prête à vanter les mérites de l'isolement. On ne peut pas manger pour l'autre. Mais on peut partager son pain, lehem, paronyme du mot halom, rêve en hébreu. Le « co-pain », le compagnon peut non seulement alimenter le rêve de son partenaire, mais aussi prendre soin de la préparation et de l'ambiance des repas. Une influence certaine sur la bonne digestion de la nourriture et tout le bonheur des sens.

Certes on peut cheminer seul. Mais on se prive du plaisir de l'amour, de la réciprocité bienveillante du donner et du recevoir, du partage des fruits de nos arbres de vie. Paradoxalement, sortir de la fusion mélancolique ou de son versant opposé, la solitude, rend plus désireux d'entendre la musique d'un monde inconnu, d'une langue étrangère à la nôtre. Conséquence logique du goût retrouvé de la vie qui suit l'acceptance de l'incarnation. L'interdépendance commence à deux. Aussi royal et puissant que l'on soit intérieurement, on ne pourra jamais bâtir son royaume sans compagnons d'œuvre. Voilà qui force à l'humilité ! À traverser ses craintes aussi. Déception, abandon, trahison, destitution : les risques sont grands mais en tout domaine un roi non reconnu comme tel, non couronné, est un souverain en exil.

Avoir peur de l'inconnu et s'approcher quand même au plus près de l'intime. Je languissais de conjuguer plus avant le verbe aimer. Conjugaison impossible sans l'autre !

Il ne me restait qu'à espérer une prochaine rencontre amoureuse. En attendant, je pouvais m'exercer en famille et avec mes amis.

Quinze jours plus tard, vers la mi-octobre, le téléphone sonna. « Il » m'invitait à dîner.

Foster le retour !

Pas tout à fait à l'identique : ce n'était pas au japonais du coin qu'il se proposait de m'emmener mais dans un restaurant chic et cher.

— Non merci.

J'avais eu le temps de faire la différence entre intensité et drame, ardeur et feu destructeur. Les élans romantiques d'un Foster soudainement entreprenant me laissaient de glace.

Il m'appelait tous les jours du bureau. Plutôt deux fois qu'une ! « J'ai tout compris », « je ne suis plus le même homme » étaient la substance de ses plaidoyers. Grâce à Antony avec qui il avait beaucoup parlé « entre hommes », il s'était rendu compte qu'il était temps pour lui de prendre des responsabilités conjugales. En ultime preuve de son changement, il alla jusqu'à m'offrir de mettre la moitié de la maison qu'il voulait acheter à mon nom.

— Il est normal de prendre en charge sa femme.

— Cela ressemble à s'y méprendre à une proposition de mariage, finis-je par dire en riant.

— C'en est une. Je veux t'épouser.

Il voulait enfin quelque chose, et non des moindres. Il avait peut-être vraiment changé.

Si je ne mesurais pas sa proposition à l'aune de la lumière céleste, elle ne manquait pas de grandeur. En mon for intérieur j'appréciais l'effort qu'il avait dû faire pour en arriver là. Je pourrais au moins lui donner une chance. Il faut se forcer à pousser l'amoureux qui sommeille en nous hors du terrier où le maintient sa peur de l'intimité ou de l'engagement. On a toujours le temps de dire non.

L'heure était venue de vérifier si j'étais ou non amoureuse de cet homme-là, assis en face de moi, touchant de bonne volonté, dans le plus beau restaurant italien de la ville.

— Le couple de guérison ne m'intéresse plus. Certes, nous restons chacun pour l'autre le miroir privilégié de nos ego en souffrance, mais je voudrais qu'on soigne les blessures de nos enfants intérieurs chacun de notre côté.

Qu'il travaille avec Antony ou un vrai psy, il fallait en tout cas qu'il ait un accompagnement thérapeutique à l'extérieur. C'était ma première condition.

— Il est temps que nous devenions le reflet du versant lumineux de l'autre, la part solaire de nos ego.

Qu'il partage ses ombres avec son psy !

Il avait déjà envisagé d'intégrer un groupe de thérapie entre hommes, s'empressa-t-il de préciser.

On est aussi *responsable de sa rose*.

— J'aimerais aussi que tu prennes tes responsabilités dans la maison sans mesurer au compas combien je prends les miennes. Cela vaut aussi pour l'argent, soulignai-je. La réciprocité est la loi de l'échange amoureux, mais réciprocité ne veut pas dire égalité. N'oublie pas que dans notre relation tu essaies de retrouver ton masculin et moi mon féminin. Nous ne sommes pas nés homme ou femme par hasard. Commençons donc par occuper la place assignée par notre sexe de naissance. On verra plus tard pour les croisements. Pas d'inquiétude, tu as assez de féminin en réserve et moi de masculin.

En conclusion, je voulais, pour le moins, un amoureux courtois. Finies les bouderies et les dérobades. Il devait s'engager à ne jamais renoncer au dialogue, quoi qu'il arrive. La réconciliation était à ce prix.

— Je ne suis plus le même homme. Donne-moi ma chance, répliquait-il à chacune de mes remarques.

Après le restaurant, nous rentrâmes ensemble « chez nous ».

Désormais, Foster attrapait les factures avant même que j'aie eu le temps d'ouvrir les enveloppes. Il en retrouvait le plaisir phallique du donner. Il redevenait beau. Généreux. Chaleureux de surcroît. D'énormes bouquets de fleurs accompagnés de mots doux m'étaient livrés régulièrement. Le feu sacré qui l'habitait éloignait de notre lit sa mère, son guru et ses ex. Il y avait enfin moins de monde dans notre lit. L'amour pouvait s'y faire une plus grande place.

Miracle du désir assumé, attentif à celui de l'autre !

Cela magnifiait mon état amoureux. Mon âme habituée à se promener dans le parc mystique de mon cœur y découvrait maintenant le bosquet des amoureux, l'envie de lui faire plaisir sans chercher à lui plaire. Notre sensibilité grandissait. Elle tissait entre nous l'espace délicieux de la complicité. Un contact éthérique qui distingue entre tous l'élu de notre cœur, qu'il se trouve à l'autre bout d'une pièce ou à l'autre bout du monde. Mes yeux retrouvaient leur éclat. Foster rayonnait de fierté. Fier de lui et du beau couple que nous étions finalement devenus. Lorsque les épouses y étaient conviées, il insistait pour que je l'accompagne aux spectacles, dîners ou promenades en bateau sur le lac Ontario organisés par son bureau.

Au cours d'un de ces week-ends semi-professionnels, il annonça à ses collègues notre mariage pour l'été prochain. La surprise plus que le plaisir me fit monter le rouge aux joues. Pour assurer sa mise, il m'offrit en guise de cadeau prénuptial un tour d'hélicoptère au cœur des glaciers de Whistler, le Zermatt des montagnes Rocheuses où nous nous trouvions. Moi qui avais peur des avions, j'étais aux anges. La main protectrice de Foster posée sur mon bras, je fondis d'émerveillement face au spectacle d'un blanc cristallin illuminé de bleu ciel. Même quand les flancs de l'hélicoptère s'approchaient dangereusement des crêtes, je ne pouvais m'arracher au sentiment de paix éternelle que seule la nature sait nous inspirer. Amoureuse, on n'a plus mal au cœur. Les endorphines du plaisir prennent le pas sur l'adrénaline.

Je ne fis aucun commentaire sur son annonce de mariage. J'aurais préféré qu'il m'en parle avant. Tenir ce faux pas pour une broutille était la seule manière de ne pas gâcher l'harmonie qui s'installait entre nous.

Qui ne dit mot consent ! Il avait l'air si heureux. Je n'allais pas être en reste côté engagement !

Début novembre je quittais Toronto pour Paris. Quand Foster m'accompagna à l'aéroport, il languissait déjà de mon retour. Malgré l'excitation de retrouver mes élèves après six ans de sevrage pédagogique, j'imaginais le plaisir de me blottir dans ses bras quinze jours plus tard.

Toronto la blanche. À travers le hublot de l'avion qui descendait sur la ville je cherchais en vain un reste de l'été indien que j'avais laissé quinze jours auparavant. C'était reparti pour un hiver interminable.

— Encore heureux qu'il ne neige pas, dis-je à Stéphy à l'aéroport. J'aurais abîmé mes « Converse ».

Retenu à un dîner de gala en l'honneur de son patron, Foster avait demandé à ma sœur de venir me chercher.

— Il aimerait beaucoup que tu le rejoignes, me signala Stéphy. Il a vraiment insisté.

Hébétée par le décalage horaire, j'hésitai. Les soirées dans lesquelles les invités s'adaptent au décor comme des caméléons à leur feuillage ne m'attiraient guère.

— Il a l'air de compter les heures, d'être vraiment amoureux, ajouta-t-elle du ton perplexe de quelqu'un qui n'en revient pas. Si tu veux, je te pose chez toi. Tu te changes et je t'amène au Hilton où se déroule la soirée.

Vu sous cet angle confortable, l'effort de me « faire belle » devenait un plaisir auquel s'ajoutait celui de retrouver Foster plus vite. Stéphy passait déjà en revue ma garde-robe. À notre arrivée chez moi, elle avait tout en tête. En une demi-heure, sa baguette de fée me transforma en Cendrillon, maquillée et somptueusement vêtue.

Je rejoignis la soirée vers onze heures. Sur le seuil d'une salle remplie de monde et de fleurs, je m'arrêtai un instant, cherchant Foster des yeux. Le magnétisme des amoureux opéra aussitôt. Une Voie lactée traça ma route vers lui. Il tourna la tête et l'espace s'embrasa entre nous. Me conduisant à notre table, il fondit de fierté sous le regard des femmes qui admiraient mon élégance, des hommes qui me complimentaient. Mon chic à la française produisait son effet. Réception royale ! Je souris, serrai des mains, acceptai une coupe de champagne, fis semblant d'apprécier les bulles, moi qui préfère un verre de bon vin rouge. Heureusement, le dîner arrivait.

Une fois assise, étourdie de fatigue, je glissai avec délice dans un état étrange flottant entre le brouhaha environnant et une paix extatique. *Contempler n'était pas ce que j'avais cru. Contemplation, c'est être reçu.*

Être reçue comme une star me plongea, au beau milieu de l'agitation sociale, « en espace » infini. Les lampions des mondanités et les lumières de l'âme s'étaient rejoints. Totalement présente au moment, accueillant avec équanimité la superficialité de la soirée et la splendeur cosmique, je ne m'étais jamais sentie aussi spirituelle... au naturel ! État de grâce, de simplicité impériale : peut-être le plus difficile à conquérir.

Minuit approchait. Cendrillon risquait de perdre son aura.

— Je vais tomber de sommeil, dis-je à l'oreille de Foster.

Trop tôt pour filer à l'anglaise. Son patron souhaitait que nous le rejoignions à sa table pour le dessert.

Deux heures plus tard, ce fut dans un état semi-comateux que Foster me ramena à la maison. Lui-même tenait à peine debout. Il avait beaucoup trinqué à droite et à gauche. Le champagne le rendait tendre. Je lui avais tant manqué ! Saoulés de fatigue, nous nous sommes écroulés dans le lit plus amoureux que jamais, sans trouver néanmoins la force de faire l'amour.

Cette nuit-là reste à jamais imprimée dans ma mémoire.

Au premier contact, nos corps s'affolent. Sa main suit la rondeur de mon épaule, frôle un sein et c'est le carrousel des frissons. Des mots doux fusent. Ils disent à haute voix notre plaisir, parlent à l'autre de soi, de lui. L'énergie manque pour aboutir les gestes. Mouvements suspendus comme des caresses inachevées. Doigts qui cherchent l'autre au gré du hasard, au rythme d'une pure pulsion sensuelle. Courbes et creux se rencontrent, se charment sans se pénétrer. Lâcher prise du désir qui se promène en toute liberté. Des heures durant, dans un état second, nous contournons la jouissance, aussi incapables de consommer que d'arrêter la danse lente de nos corps amoureux. Quand, soudain, un bruissement intérieur retient mon attention. On dirait le bruit d'un coquillage collé à mon oreille. Je sens glisser les verrous qui retiennent mon cœur. Mon énergie cardiaque se déplie comme un accordéon. Tel un muscle qui s'étire, elle repousse les frontières de ma cage thoracique. L'espace s'ouvre sous ma peau ! Je jouis du plaisir de respirer plus large, de dilater mon espace corporel à l'horizontale, d'embrasser davantage d'humanité.

Après m'être tant occupée de ma verticale, cette ouverture me laissa un instant stupéfaite. Trop épuisée pour l'analyser, je glissai dans un vortex de sensations inconnues. Mélange de doux et d'humide, de délicieux sans emphase, d'étonnement sans surprise, de langueur intense.

Je vivais mon premier orgasme du cœur.

J'observais les volutes de mon plaisir se resserrer sur un axe antéro-postérieur à partir d'un point enraciné dans mon dos, à l'arrière du sternum. Telle une fleur de lotus offerte à mon partenaire, mon énergie-cœur s'épanouit en corolle sur l'avant. Tel un parfum, ses émanations enveloppèrent Foster par vagues successives. Était-ce la fatigue ou l'amour ? Son chakra cardiaque s'ouvrit-il également ? Il accueillait ces effluves amoureux avec passion. Interpénétration énergétique de force et de douceur qui nous inonda d'éros solaire : la puissance lumineuse, chaleureuse et vivifiante qui naît de la rencontre entre le plaisir physique d'aimer et d'être aimé.

Il était midi passé lorsque je me réveillai. Seule. Foster était parti dans le quartier juif chercher les bagels au pavot avec fromage blanc et saumon que j'aimais tant, disait le petit mot qui accompagnait la rose posée sur l'oreiller. Encore abasourdie par la nuit écoulée, je profitai de son absence pour revenir sur les sensations des dernières heures.

Que s'était-il passé exactement ?

Aimer, c'est donner ce qu'on n'a pas, disait Lacan. Névrose ordinaire garantie quand l'autre n'en veut pas ! Mais que se passe-t-il quand l'autre en veut ?

Je me repassai le film.

Nous avions été absents à nous-mêmes, présents l'un à l'autre, manquants et désirants à la fois. « Vidés » mais pleins de désir sans objet, nous n'avons « rien » pu nous donner si ce n'est l'envie d'« être pour l'autre ». Un « je suis là avec toi » vulnérable, fragile, au risque d'une jouissance inachevée. Caresser de la voix son partenaire, se laisser pénétrer du parfum de son cœur, ne pas le perdre de vue dans le mouvement de ses sensations, accueillir son manque de force : recevoir, en un mot, ce que l'autre n'a pas. Était-ce cela aimer ?

Donner ce qu'on n'a pas : plaisir d'âme garanti quand l'autre en veut.

Contrairement aux orgasmes tantriques, l'orgasme du cœur ne gomme pas l'autre. Cette nuit m'avait prouvé que l'altérité peut se vivre dans la chair par une mise en *résonance morphique* des sensations de deux corps amoureux. Alléluia !

J'avais découvert l'« altérité sensuelle », fait le premier pas vers mon Eldorado.

Premières conclusions : l'organe cœur est la passerelle entre l'esprit et le corps. Passage obligé pour amener l'énergie-lumière du chakra coronal en Malkout, le royaume terrestre dans l'Arbre de Vie. C'est alors que l'âme peut participer à la danse des sens, se dilater sans chercher à s'échapper de sa cage corporelle.

L'énergie cardiaque comme substance spirituelle du désir sexuel ? Oui ! À condition qu'elle apprenne à parler. Parler le désir, le plaisir, l'envie, l'absence comme nous l'avions fait toute la nuit. Parler malgré l'impuissance à dire : là se trouve la racine du verbe aimer ! Je n'en avais plus aucun doute. La rencontre entre altérité transcendante et sensuelle était possible. Je jubilais !

J'accueillis Foster et ses provisions de bagels en amoureuse comblée. Les jours suivants flottèrent sur un lac tranquille. Je savourais ce premier échantillon de cœur en paix. J'avais tout compris.

Les amoureux sont les bâtisseurs du paradis sur terre : *l'interstice entre deux corps attentifs l'un à l'autre.* La relation amoureuse en est la concrétisation, le temple. Dans l'entre-deux se cimentent les blocs de la confiance, la force qui donne le courage de la noblesse que nous tenons refoulée dans la part lumineuse de notre inconscient. C'est sûrement pour cela que, depuis la destruction du second temple, nous dit le Talmud, Dieu passe son temps à former des couples sur terre.

Trois jours durant, Foster sembla lui aussi transporté dans l'état amoureux, terre de transparence et d'intimité.

Entre nous, l'essentiel prenait le pas sur les aléas de l'existence. Qu'il rentre tard du bureau en oubliant de me prévenir, qu'il ne réponde pas à mes messages laissés sur son répondeur, qu'il oublie de prendre le pain en rentrant, tout cela n'avait plus aucune importance. J'étais tranquille. Même l'angoisse du futur m'avait lâchée. Quand, deux soirs de suite, je le vis assis au salon accablé et sans désir, je restai zen. Sûrement quelques ennuis au travail. Ce n'est rien. Il m'en parlera plus tard. Les jours suivants n'amenèrent aucun changement. Je poursuivais ma route du bonheur en me serrant contre lui : ce n'est pas grave, on a toute la vie devant nous.

Deux semaines plus tard, de ma voix la plus douce, je lui proposai de nous retrouver au restaurant japonais du coin. Parler lui ferait probablement du bien.

— Je ne comprends pas. Après ce qui nous est arrivé, tu n'as pas l'air d'être heureux.

— C'était tellement fort. J'ai cru que je pourrais vivre dans la joie incroyable qui m'est tombée dessus. J'en ai été bouleversé mais tu vois, je ne peux pas.

— Tu ne peux pas quoi ?

— Je ne peux pas vivre dans le plaisir alors que ma mère me battait avec une brosse à cheveux quand j'étais petit.

Il passa la fin du dîner à rejouer sous mes yeux ses scènes d'enfant en souffrance. Je n'entendais rien. Notre orgasme du cœur nous avait projetés chacun sur des planètes différentes. Comme quoi les mêmes faits ne créent pas le même événement selon la manière dont on les accueille et le sens qu'on leur donne. Notre nuit magique l'avait ramené dans son enfer.

D'accord ! Rien à dire. Silence : c'était le prix de l'altérité. Mon respect de la liberté radicale de l'autre !

— Voilà ce que je te propose, finis-je par répondre sans hausser le ton. Je vais avancer mon départ pour Paris. J'irai chez Stéphy le temps que tu déménages. Et cette fois tu ne laisses aucun carton, pas le moindre objet dans la maison. Merci pour tout ce que nous avons partagé, tout ce que tu m'as appris. Merci et adieu. Que Dieu te garde. Nous sommes arrivés au bout de notre rencontre. Après l'ouverture de cœur que nous avons vécue, moi, je ne peux plus revenir à une relation papa-maman et je n'ai pas besoin d'un couple-société.

J'étais sereine. Il était soulagé. Pas de scène ni d'esclandre ! Il pouvait en toute tranquillité rester fidèle à sa mère et à son passé malheureux.

Émergeant doucement de ma récapitulation, je ne sais plus si j'ai envie de rire ou de pleurer.

Pleurer parce que, pour rencontrer l'autre, il m'a fallu renoncer à vivre ici-bas la beauté de l'ailleurs, dire adieu à mon âme-autre et au couple parfait de ma mémoire d'âme.

Rire parce que cela m'a permis d'endiguer la nostalgie qui fait obstacle à la joie de vivre. J'ai enfin conjuré ma tendance spirituelle à rendre le vide ou Dieu, son parfait anagramme, plus désirable que l'existence, compris l'*immoralité d'une philosophie qui consent à la mort comme à une médiation indispensable à l'accomplissement d'une idée – fût-elle la valeur de l'absolu.*

Merci les anges. Vous m'aviez donné trois jours, le temps de retrouver le souvenir de mes origines cosmiques pour que je puisse faire mon choix d'incarnation en toute conscience. C'était fair play ! Depuis, la colère contre Dieu et ses messagers n'est plus de mise. Mais la prochaine fois, n'oubliez pas de me signaler qu'il ne suffit pas de dire oui à l'incarnation, qu'il faut encore apprendre à s'approcher des humains dans un rapport de vie, non de survie. Et ce n'est pas une mince aventure. Sur le chemin on pleure souvent parce que l'altérité nous confronte à la liberté de l'autre, un partenaire jamais acquis. On rit aussi parce que, ce faisant, on embrasse toujours plus de son humanité. On devient un être de relation, un amoureux.

Pleurer quand même sur le gâchis d'une histoire d'amour qui a failli me tuer.

Rire parce qu'elle m'a permis de traverser les ombres de mon féminin. Si je ne prends pas la responsabilité, là, maintenant, d'avoir attiré Foster dans mon existence pour rencontrer cet autre côté de moi-même, ma récapitulation de ce matin ne servira à rien. Je n'aurai pas fait mon « tikkoun », réparé cette page de ma vie.

Allez, un petit effort encore pour lâcher un merci sincère et entier à Foster ! sans « oui mais ». Blindée ! Ne m'a-t-il pas blindée contre les passifs-agressifs ? En dépit de leur charme certain, je réussis aujourd'hui à accueillir leurs plaintes et leur enfance malheureuse sans plus chercher à les sauver. Avec mon cher cardiologue, le dernier terrorisé de l'engagement que j'ai rencontré, j'ai même réussi à étouffer ma déception dans l'œuf. Alors, ciao Foster ! Salut, sans au revoir.

Sur un long soupir, j'arrive finalement à le « remercier ». Il est enfin congédié ! Pas vraiment pardonné. Seul Dieu pardonne, si l'on en croit le « pardonne-leur, ils ne savent pas ce qu'ils font » de Jésus sur la Croix. Une assiette cassée en mille morceaux ne se recolle pas. La réparation porte sur le futur et non sur le passé. L'être humain peut seulement retrouver sa paix intérieure. Tirer les leçons d'un malheur, d'un échec et atteindre un détachement qui n'est ni oubli ni déni. Reconnaître son enjeu personnel, non pas tant le pourquoi mais le quoi faire de ce qui nous est arrivé est la manière de se pardonner à soi-même. Le seul pardon à hauteur d'homme.

Pour l'éternité, il me restera de mon aventure avec Foster l'ouverture irréversible de mon chakra cardiaque. Comme m'a dit un ami plus tard, tu as eu la bonne histoire avec la mauvaise personne. Foster a été la « fausse terre » sur laquelle j'ai néanmoins accouché de mon énergie-cœur. Merci encore.

Qui m'empêche désormais de marcher vers ma terre promise, mon Cantique des cantiques ici-bas ? L'espérance renaît. Une page sombre de mon histoire se détache de moi comme la croûte d'une plaie cicatrisée. Un conte ḥassidique me revient.

Un jour, un ḥassid – le disciple d'un rabbi – glissa dans une flaque de boue. Un passant peu aimable s'approcha et lui dit :

— Tu as glissé dans la boue parce que tu es un ḥassid !

— Je suis tombé dans la flaque à cause de mes propres fautes, répliqua l'homme humblement, mais si j'arrive à me relever, c'est bien parce que je suis un ḥassid !

Debout et en avant ! Je n'ai plus du tout envie de pleurer, mais de rire aux éclats, de me lever et de rejoindre ma mère qui m'attend à la cuisine, inquiète sûrement à la pensée qu'à dix heures du matin j'aie encore le ventre vide. Maintenant que ma joie de vivre prend un nouvel essor, je ressens l'urgence de lui dire merci de m'avoir amenée sur terre.

Comme toutes les mères, tous les humains sans exception, elle non plus n'est pas parfaite. Ce matin je suis aussi amoureuse d'elle.

— Salut, maman.

— Je ne t'ai pas entendue tousser ni te moucher, dit ma mère en m'accueillant avec bonne humeur dans la cuisine baignée des savoureuses odeurs de ses petits plats.

Elle a raison. La tête pleine de mon rêve et de mes souvenirs canadiens, je n'ai pas pris le temps d'observer ce détail. Il semble en effet que mes sinus se soient débouchés en même temps que je liquidais mon histoire avec Foster. Le temps des sinusites est peut-être révolu !

Sur la table, mon petit déjeuner est prêt.

— Mange quelque chose. Ne reste pas l'estomac vide. Il est tard et tu n'as pris qu'une tasse de thé hier soir.

Aucun autre commentaire ? Je n'en reviens pas. Pas une de ses familières remarques aigres-douces sur mes grasses matinées. J'ai renoncé à lui faire admettre que le passage entre nuit et réveil est un moment béni pour relever les messages entassés dans la boîte aux lettres de notre subconscient ! Pure paresse, de son point de vue. Aujourd'hui elle s'assoit pour me tenir compagnie et ne cache pas son plaisir de me voir retrouver de l'appétit. Comme un rayon de soleil, son absence de reproches me chauffe le cœur. Le sien s'est vraiment ouvert. À quatre-vingts ans, elle devient une amoureuse elle aussi.

Il n'y a pas d'âge pour apprendre à aimer.

Tout en dégustant mes céréales, mon yaourt au soja, ma purée d'amandes – ces nourritures qu'elle a longtemps regardées d'un œil accablé en répétant sur un ton appuyé que pour elle rien ne remplacerait jamais une bonne tartine de pain beurré –, il m'apparaît clairement que mon féminin n'a plus besoin de s'affirmer contre elle par une nourriture militante, aussi saine soit-elle. Le pain complet et les légumes biologiques qui alimentaient notre rapport conflictuel me rappellent ce matin mon vieil appétit de nourriture sacrée sur lequel mon rêve m'a permis de revenir. La pureté alimentaire : encore un domaine propice à la sacralisation. Décidément, je ne pense qu'à ça ce matin.

Du coup, je me beurre une de ses tartines. Et fièrement je lui déclare que je viens de faire la paix avec Foster.

— Je me demande comment tu as pu te laisser aveugler par ce garçon empêtré dans des souffrances de luxe, focalisé sur son nombril. Quand je pense que tu t'es rendue malade pour lui !

Ah ! la clairvoyance des mères !

Car malheureusement il y avait eu un chapitre supplémentaire à mon histoire avec Foster.

En décidant de partir pour Paris fin novembre 1994, j'avais cru que si je mettais l'Atlantique entre nous des mois durant notre rupture serait consommée à mon retour. Je ne savais pas encore que l'éloignement renforce l'attachement du passif-agressif. La distance le soulage de l'encombrement de l'autre au quotidien, mais le lâcher tout à fait alimenterait son syndrome d'abandon : il doit donc, pour le moins, devenir son ex. Il pourra ainsi nous conter ses difficultés avec celles qui nous ont remplacées, pleurer sur notre épaule, voire se laisser consoler dans nos bras en évoquant les grands moments vécus ensemble.

Le lendemain de mon retour à Toronto, après quatre mois d'absence, Foster sonnait à ma porte.

Ayant reconnu sa voiture stationnée dans mon allée, je n'ai pas répondu. La fois suivante, il l'a garée plus loin. Par prudence, j'ai entrebâillé le rideau de porte. Quand nos regards se sont croisés, il s'est mis à genoux. Oui, vraiment ! Comme dans un film de chevalerie. Soucieuse de ne pas devenir le prochain sujet de raillerie du voisinage, j'ai ouvert. Il m'a tendu deux paquets-cadeaux en me suppliant d'accepter de dîner avec lui le soir même. Il avait quelque chose de très important à me dire.

— Ça va, relève-toi d'abord.

— Je ne me relèverai pas tant que tu n'auras pas dit oui.

— Bon, d'accord. Et ce n'est pas la peine de me refaire le coup du grand restaurant, le japonais du coin fera l'affaire. Je n'ai rien à te dire, mais comme on ne peut rompre tout seul, je veux bien t'écouter. J'espère que ce sera la dernière fois.

La porte refermée, ma curiosité a été plus forte que le dédain : j'ai ouvert un des paquets. L'édition brochée du *Livre des morts tibétain* m'a laissée pantoise. Fallait-il y voir un bon ou un mauvais signe ? J'aurais dû faire confiance au sentiment de présage funeste qui m'a traversée et ne pas ouvrir l'autre cadeau. Un foulard Chanel ! Là le message était clair : il avait décidé d'être prodigue. J'ai éclaté de rire : il avait confondu Chanel et Hermès ! Je lui avais pourtant bien fait la leçon autrefois : les élégantes achètent leurs vestes, pour le moins leurs lunettes, chez Chanel, leurs carrés chez Hermès.

Le soir au restaurant, à peine assis, sans un mot, il a posé sur mon assiette l'« écrin » fatidique. Embarquement immédiat pour une comédie à l'américaine. Piégée par ma résolution de dépasser ma peur de l'engagement, je n'ai pas réagi. Qui ne dit mot consent ! Deuxième tour.

Ne fallait-il pas que je prouve au monde entier et à ma famille en particulier que j'étais capable de me marier ? De devenir à leurs yeux une vraie femme ?

Passons sur le voyage de fiançailles à Paris, le « voyage de noces » à Belle-Isle-en-Mer. Quand je pense à la réaction stoïque de ma mère à l'annonce de mon mariage avec un goy, je ne peux m'empêcher de l'en remercier encore. Son rejet n'aurait rien changé mais elle avait réussi en cette occasion à manifester son amour inconditionnel, celui des saintes dont les mères sont souvent bien proches !

— Tu as quand même été formidable, maman. Tu as accepté Foster sans me rejeter.

— Je n'en ai pas moins pensé à ce que ton père disait toujours : quand on mange du porc – nourriture interdite aux juifs –, il faut au moins que la graisse coule. Ton Foster ne méritait pas le péché.

— On est bien d'accord là-dessus. N'empêche, je t'admire d'avoir à l'époque encaissé mon choix sans me faire de chantage affectif.

Pour des raisons professionnelles, Foster était rentré à Toronto quinze jours avant moi. Quand je suis arrivée mi-juillet, il avait mal à la tête, geignard comme une femme qui cherche une raison de se refuser à son époux. Sans doute avait-il reçu le relevé de sa Carte bleue. Ajoutées aux frais de notre voyage, mes idées de décoration pour « notre » nouvelle maison avaient dû l'effrayer. J'allais encore lui coûter cher : n'avais-je pas déjà proclamé que toutes les peintures étaient à refaire ? Et la balustrade brinquebalante de la terrasse à remplacer immédiatement ?

Pendant trois semaines, son état maladif n'a cessé d'empirer. Allongés côte à côte dans ce lit où nous ne faisions plus l'amour depuis mon retour, nous avions l'air fin avec nos bagues aux doigts – je lui en avais offert une à Paris.

Naomi, la gynécologue avec qui j'avais rendez-vous, me trouva petite mine. Analyses faites, elle s'inquiéta des résultats.

— On les refera dans trois mois, mais en attendant repose-toi. Tu as l'air fatiguée.

Je l'étais en effet, épuisée même, et Foster avait toujours mal à la tête.

Un matin, à bout de nerfs, j'invectivai les anges : d'accord, j'ai signé le contrat, mais je ne suis pas obligée de poursuivre mon engagement à l'amour humain avec cet homme-là. Comment fait-on pour en finir une fois pour toutes avec un passif-agressif, expert en allers et retours ?

— Si tu es prête à mettre ta vanité sous le paillasson, je peux te donner la solution.

— Vu ce qu'il reste de ma vanité dans cette histoire, je n'ai plus grand-chose à perdre. Envoyez le message.

— La seule manière de rompre avec ce genre d'amoureux, c'est de lui laisser croire que c'est lui qui te quitte.

— Comment faire pour qu'il ne se doute pas que c'est moi qui souhaite la rupture ?

Silence radio.

Le dimanche suivant nous traînions au lit quand soudain, venue de je ne sais où, l'inspiration est arrivée.

— Tu sais, darling, je crois que j'ai compris ce qui ne va pas.

— Quoi ? a-t-il maugréé, déjà sur la défensive.

— Je crois que tu n'es tout simplement pas fait pour le mariage. Il y a des caractères comme ça.

Si en cet instant je lui avais offert tout le Costa Rica, le pays où il souhaitait prendre sa retraite, il n'aurait pas été plus reconnaissant.

— C'était idiot, ai-je poursuivi de ma plus douce voix, de nous mettre la pression d'un mariage sur le dos. Pourquoi ne pas rester des amoureux célibataires ? Tu devrais rentrer dans ta maison le 1er septembre sans moi, l'aménager comme tu en as envie. Moi, je reste ici. Nous nous verrons en éternels fiancés, juste pour le plaisir. On a toujours le temps de changer de formule.

Il trouva l'idée géniale. L'envie de faire l'amour lui revint aussitôt.

— Très bien ! Bravo, mais va jusqu'au bout. Attention, danger séduction.

Toujours alerte, la petite voix !

Dans le moment de détente qui suivit une étreinte dans laquelle je m'impliquai juste ce qu'il fallait pour que Foster ne se doute de rien, je retirai « sa » bague de mon doigt, la lui tendis du même geste élégant que Meg Ryan dans *Nuits blanches à Seattle*, remake du merveilleux *Elle et lui*, avec Deborah Kerr et Cary Grant. Avec, en fond d'écran, la vision d'un rendez-vous sur la symbolique terrasse de l'Empire State Building... avec un autre !

— Tu crois que ton beau-frère pourra revendre le diamant ?

— Sûrement. Vois ça avec lui.

Il nous restait une semaine à passer ensemble avant son emménagement, le temps que j'apprenne, à contrecœur, à feindre la jouissance. Avant de partir, Foster me demanda d'une voix satisfaite :

— Alors comment fait-on ? Quand est-ce qu'on se revoit ?

J'étais à court d'inspiration ! J'en appelai au ciel tout entier quand une idée me tomba dessus avec la puissance de la révélation du Sinaï.

— Quelle est la date du prochain concert de notre abonnement ?

— Le 15 octobre.

— Eh bien ! C'est la bonne date. On se retrouvera en musique. Nous avons tous les deux besoin de temps pour tourner la page. Je vais me reposer. Tu vas emménager. Et on démarrera notre nouveau cycle d'amoureux sur un concerto de Mozart.

— Ben, d'accord.

Un mois et demi... je venais de gagner un mois et demi !

La veille du concert il m'a appelée, excité comme un jeune homme.

— Je t'invite à dîner avant le concert. Comme ça, après, nous ne serons pas fatigués, a-t-il ajouté sur un ton entendu.

Là, j'ai pris un ton sentimental et faussement plaintif. Stratégie oblige !

— J'ai un problème, Foster. Je crois que je t'aime encore et l'idée de ne pas vivre ensemble me tord l'estomac. Je ne me sens pas capable de te revoir, ça me fait trop mal.

— C'est dommage, parce que moi je me sens très bien comme ça et je suis très heureux à l'idée de te revoir.

— C'est parce que tu ne m'aimes pas autant que je t'aime.

À l'autre bout du fil, je l'ai senti se redresser sur ses ergots. Il était enfin du côté des forts.

— I am sorry ! Désolé pour toi. Rappelle-moi dès que ça va mieux. Cela me fera toujours plaisir.

De ce jour, il n'a plus jamais donné signe de vie.

Les anges avaient raison : ce que le passif-agressif ne supporte pas dans la rupture, c'est d'être abandonné.

— Ce garçon s'est noyé dans un bain de miel, reprend ma mère.

— Je pensais qu'il apprendrait à nager.

— Tu as toujours mis les gens sur un piédestal. Après quoi tu leur demandes d'être à la hauteur de ton idéal. Tu n'arrives pas à les voir comme ils sont et pour finir tu es en colère contre eux.

— Tu as raison. C'est exactement ce que j'ai compris ce matin en récapitulant notre histoire. Comme quoi on peut idéaliser l'amour au point de sacraliser l'autre pour exorciser sa banalité. J'ai mis longtemps à admettre que mon agacement face aux gens qui manquent d'exigence envers eux-mêmes cachait ma peur de vivre des relations ordinaires. De vivre tout court... Ce matin, c'est définitivement clair !

— Hamavdil ben kodesh le ḥol. Différencier le sacré de l'ordinaire ! C'est formidable. Je n'avais jamais pensé qu'on pouvait exagérer le côté sacré des choses pour repousser la vie.

— C'est une manière de donner une plus-value à l'existence, comme si la simple joie d'être vivant ne suffisait pas à la rendre passionnante. Dans le fond, on regrette d'être né. Se réconcilier avec l'incarnation c'est accepter la séparation. En hébreu, c'est la signification première de kodesh, *ce qui est éloigné et séparé de toute autre chose.* Mais on confond séparé et coupé. Du coup, au nom de Dieu ou d'une idée qui nous est « sacrée » on se coupe du reste qui devient le mal, l'impur, au nom de notre « bien » à nous. C'est le principe même de la secte, un groupe qui s'enferme dans son idée du bien. Ça peut aller jusqu'aux guerres saintes. Le sacré à vraiment bon dos. D'où la sagesse de la langue hébraïque qui, comme un avertissement, fait que le mot kedecha, la prostitution, a la même racine que kodesh.

— Si je comprends bien, tu dis que tous les gens intolérants, fanatiques, voire idolâtres sont des gens qui sacralisent le sacré. Et que toi tu sacralisais les autres.

— Eh oui ! L'idéal du couple ou du prince charmant peut au même titre que Dieu être utilisé comme objet de transfert de toute-puissance. On peut prostituer le divin aussi bien que l'amour. Seule l'altérité, l'acceptation catégorique de l'autre, désacralise le sacré. Comprendre la séparation comme différenciation permet de résister à la tentation mortifère de ramener l'autre à soi, de vouloir qu'il soit pareil à nous. Cela commence avec la naissance.

Naître, c'est se séparer, devenir radicalement autre. Une coupure qui paradoxalement nous plonge dans le champ de la relation, me dis-je, perdue dans mes pensées. Reliés parce que distincts !

Ce qui revient à dire que la vie est la seule chose sacrée, repris-je à haute voix.

C'est d'ailleurs, à mon sens, la raison pour laquelle le mot kodesh n'a pas de forme transitive. Il n'y a pas de terres, de lieux sacrés, de femmes ou d'hommes sacrés, il n'y a que des terres, des lieux de sainteté, des femmes ou des hommes de sainteté, des vies de sainteté parce que sanctifiées par des humains qui ne confondent plus sacralisation et sanctification. Sacraliser – mettre à part, ne pas remettre en question – mortifie. Sanctifier – adorer, s'émerveiller – vivifie.

Sacraliser : fixer le sacré sur un acte, un objet, un individu en le consacrant pour renforcer notre besoin d'absolu. Passage obligé d'une âme d'enfant qui en a besoin pour exulter. De moins en moins nécessaire quand on grandit en maturité spirituelle. Peut-être tout à fait inutile lorsqu'on sanctifie le vivant. La planète devient alors temple. Notre corps, chapelle. Notre créativité, ministre officiant. La force de vie, grand hiérophante.

Sanctifier : une présence au monde, une célébration à jamais inachevée de la vie qui dépend de la guérison de notre nostalgie de l'ailleurs, de notre renoncement au Tout et à ses fantasmes de perfection. La vie ! Flot, mouvement sans rupture et sans amalgame. Différenciation incessante des formes. Le contraire même de la fixité, du rigide, de la mort.

Il ne faut pas respecter la vie, force de création par excellence, mais l'aimer. Alors « ça » crée au lieu que « ça » tue. C'est la mort qu'il faut respecter comme on respecte un ennemi incontournable, quelquefois un allié auquel on peut, comme une exception à la règle, concéder un droit sur soi-même, mais jamais sur l'autre sans son consentement. Seul le sacrifice – ce qui rend sacré – d'absolu, de perfection réussit à affaiblir le pouvoir de la pulsion mortifère à l'œuvre dans toute vie, même dans celle consacrée à Dieu.

Sanctifier l'ordinaire, embrasser notre pouvoir de vivifier l'éphémère est le véritable ministère humain ici-bas.

— Tu vois que je dois remercier Foster. C'est lui qui m'a fait comprendre que si le sacré nous rend incapables de traduire l'amour divin en savoir-aimer, il devient ordinaire par la puissance même de l'idéalisation. Dans cette rencontre, j'ai aussi découvert que le véritable sens du sacré s'exprime par le cœur. C'est de ce jardin que partent les pensées, sentiments et comportements qui augmentent la force de vie, l'éros. L'ordinaire, lui, relève des « valeurs tristes » de Spinoza, une éthique du « tiède » qui fait le jeu des pulsions mortifères. Depuis je ne sacralise plus ni Dieu, ni l'amour, ni le sexe. C'en est fini de l'autre idolâtré ou idéalisé.

— Oui, c'est vraiment ça ton problème.

Mon problème ? Oups ! Profiterait-elle de mes confidences pour régler un compte ? Un léger froncement de sourcils l'invite à s'expliquer. On n'est jamais assez prudent avec sa mère.

— Quand tu es déçue par quelqu'un, tu entres dans des

rages qui détruisent ta lumière. Je me suis souvent demandé comment un être aussi spirituel que toi pouvait en un instant devenir si ordinaire. Heureusement, tu es bonne : tes pires violences n'arrivent pas à te rendre méchante ou cruelle. Mais tu te fais tant de mal. Comme ton père. En tout cas, depuis deux ans tu exploses moins souvent, tu as vraiment changé... Tu es certainement plus prête à te marier.

Elle n'en démordra jamais !

Après la spiritualité, le mariage a toujours constitué notre second point de discorde. L'idée d'avoir choisi cette mère-là pour « réfléchir », en reflet inversé, mes résistances au mariage devient une évidence. La tendresse avec laquelle j'accueille sa remarque me montre que j'ai fini de me battre contre son désir de me voir casée. Son désir ? Le mien se clarifie enfin : le couple en tant que tel ne m'intéresse pas car il ne garantit en aucun cas une relation amoureuse. Mais à l'écouter rêver de mon « futur », je m'avoue que je m'y mettrais bien moi aussi.

Sur un ton gentiment moqueur, je souligne néanmoins son incapacité à imaginer le bonheur en dehors du mariage.

Elle répond sans hésiter :

— Tu vois, aujourd'hui je ne suis pas sûre que, dans une prochaine vie, je serai aussi pressée de me marier. L'amour d'abord, tu as raison.

Elle a bien dit : prochaine vie ! Et que j'ai raison ! Ce jour est à marquer d'une pierre blanche.

— Toi aussi, tu as changé, maman. Tu te souviens du jour où nous nous trouvions, toi, Stéphy et moi, dans l'avion Toronto-Amsterdam ? Cela doit bien faire dix ans.

Stéphy et moi somnolions tandis qu'elle était plongée dans un magazine relatant les mésaventures de Stéphanie de Monaco. Fallait-il que les petites histoires de la principauté l'absorbent pour que soudain elle dise tout haut, sur un gros soupir :

— Ben, lui non plus il n'a pas eu de chance avec ses deux filles...

Notre malheureuse mère ne comprit pas tout de suite pourquoi Stéphy et moi lui sommes tombées dessus, la sommant de s'expliquer. Non, ce n'est pas ce qu'elle avait voulu dire. Ou plutôt, ce qu'elle avait voulu dire, c'est que le pauvre prince Rainier avait, lui aussi, deux filles divorcées.

— Comment ça, le pauvre ?

Il n'y avait rien à expliquer. Nos divorces resteraient pour toujours une ronce dans son jardin. Nous ne pouvions, Stéphy et moi, nous empêcher de voir le prince et notre mère soudés dans la désolation d'avoir des filles « rebelles ». Au moins, dans l'amalgame, avions-nous retrouvé le rang de princesses. Je voyais les images passer par la tête de Stéphy, comme elle devait voir les miennes. Lorsque nos regards se croisèrent, le fou rire déferla sans mesure. Nos hoquets mêlés aux larmes entraînèrent notre mère, le prince et ses filles, de même que quelques passagers dans le tourbillon de l'hilarité.

Ce matin nous rions encore à l'évocation de ce souvenir. Un rire qui scelle sans retour la complicité joyeuse d'une mère et d'une fille en partage d'amour familial.

Du coup, comme à une amie proche, j'ai envie de lui raconter mon rêve.

En mentionnant l'enfant, je me rappelle soudain le texte que le hasard a mis entre mes mains quelques mois plus tôt : *La Divine Origine*, de Marie Balmary.

L'auteur, une psychanalyste contemporaine, fait part d'une réflexion judicieuse à propos d'un rêve récurrent. Le ou la patiente *se voit tenant dans ses bras ou tenant contre lui un tout jeune enfant.* Un enfant du même sexe. Ce type de rêve marquerait un tournant dans la cure analytique : *la personne se trouve prête à accueillir son âme, cet « être-qui-parle » en elle ; elle-même, véritablement.*

Il y a des années, j'ai rêvé à plusieurs reprises de promenades avec une petite fille ou de chutes avec elle, main dans la main, qui se terminaient en douceur sur un matelas mou. La petite avait souvent les traits de Talia, ma nièce.

Retour rapide sur image. Je revois l'enfant que je tenais par la main dans mon rêve. Non, ce n'était pas une petite fille mais bien un petit garçon. En s'évanouissant, il me laissait en présence de l'homme mûr qui m'annonçait son intention de poursuivre sa route à mes côtés.

Un enfant du sexe opposé indiquerait-il que nous sommes prêts à accueillir l'autre côté de nous-mêmes ? Mon masculin, en qui me concerne. Le couple étant le reflet de l'union des contraires de nos deux énergies mâle et femelle, le mur d'incompréhension qui sépare les sexes s'effrite au fur et à mesure que l'âme accomplit son androgynat, pensé-je, comme suspendue à une révélation.

— Tu imagines, dis-je à ma mère, rêveuse à son tour, le bonheur d'une relation d'âme à âme, entre un féminin et un masculin pacifiés chez les deux partenaires. Tu parles d'un cœur à cœur délicieux en même temps qu'un corps à corps joyeux ! Après mon féminin, c'est au tour de mon masculin de trouver sa juste place en moi. Si je ne liquide pas les restes de ma colère contre l'injustice d'un dieu indifférent aux malheurs du monde, comment pourrai-je faire confiance à un homme ?

Silencieuse, elle rayonne de bonheur à l'idée d'une fille pacifiée qui consentirait à une nouvelle rencontre. Notre tête-à-tête s'achève sur une victoire sans perdants.

Demain, Stéphy et Talia arriveront avec le bébé. Nous fêterons l'anniversaire de ma mère le 14 juillet, puisque c'est ce jour de fête nationale française qu'elle a choisi pour naître. Les feux d'artifice ne seront pas de trop : en secret, je célébrerai aussi mon féminin. Je sens qu'il est enfin libéré de l'excès d'énergie maternelle qui l'empêchait d'entrer en contact harmonieux avec mon masculin en dedans, avec les hommes au-dehors.

Je lui souris et me réjouis du plaisir qu'elle cherche diplomatiquement à contenir. Mon rêve n'est-il pas de son côté ?

— Allez ! Je prends le risque de rêver à un homme, sinon la vie comme toujours donnera raison à ma peur, lui dis-je pour finir. Qu'il en soit fait selon ta foi ! Si je ne lève pas l'anathème que mes déceptions ont jeté sur l'amour humain, si je refuse de laisser au passé mes blessures de cœur, je fais moi-même obstacle à l'arrivée d'un « futur ». Quitte à être un peu hypocrite, je vais décider de croire qu'il est des amours heureux qui, avec le temps, ne foutent pas le camp. Cela fera taire mon mental méfiant. Ce n'est qu'un rêve. Mais n'arrive-t-il pas neuf ans après ma rencontre avec Foster ? Il y a eu dix ans de chasteté entre Richard et lui. Un cycle. Peut-être y aura-t-il dix ans entre Foster et...

Portée par la puissance des certitudes irrationnelles, le sentiment doux et fou d'une annonciation m'envahit. L'idée d'une prochaine rencontre me galvanise. Prête ? J'hésite une dernière fois. Prête à devenir l'encombrée volontaire d'un amoureux ? Oui, à condition qu'il soit suffisamment guéri de la nostalgie de l'ailleurs pour que son respect, mieux, son amour de la vie enchante sa façon de m'aimer et d'être aimé !

Sur ma « Voie de l'amoureux », aux trois b traditionnels du bien, du bon et du beau s'ajoute aujourd'hui le biologique, l'amour du vivant comme essence même du sacré. L'éros, la puissance de vie comme antidote à l'ordinaire ! Je n'y avais jamais pensé. C'est dans la réconciliation avec notre naissance que l'état amoureux prend racine. Dans un oui sans faille à l'ici-bas qui ouvre à l'*alliance de feu* avec le Désir, la substance de la création.

Comment vivre un amour joyeux si on n'est pas soi-même dans la joie de vivre, au sens le plus fondamental du terme d'une relation érotique au monde ? Notre devenir amoureux dépend donc, pour commencer, de notre capacité à être un amoureux, une amoureuse de la vie avec ou sans partenaire. Et par la suite, de notre aptitude à créer du lien. La névrose ordinaire des passifs-agressifs et des doux-tyrans ne vise-t-elle pas à le défaire sans cesse, voire à le détruire ? Comment être en relation si on ne supporte pas d'être relié, si on passe son temps à résister à l'attachement en le contrôlant et en le mettant à distance par peur de l'engagement ou de l'intimité ?

L'amour du lien ! Le bâton de pèlerin de l'amoureux. Le mien pour les années à venir.

Il y a dix ans, mon oui à l'incarnation m'a propulsée vers l'autre. Pour le pire avec Foster. Reste à explorer le meilleur de l'altérité ! Maintenant que je sais que l'ordinaire se nourrit de notre résistance au plaisir de vivre, je devrais pouvoir vaincre ma peur du quotidien, de la répétition qui pousse les couples les plus vibrants dans la nasse de la routine.

L'ordinaire s'ancre dans l'acquis. La vie, elle, se renouvelle sans cesse. Aime l'imprévu avec un surcroît de conscience.

L'ordinaire puise sa force dans la fixité. La vie est mouvement. Danse avec elle en confiance. Si tu restes dans la fluidité, tu seras, comme elle, neuve à chaque instant.

Armée de vie, j'aurai moins peur d'étouffer sous le poids des habitudes.

En route pour le Cantique des cantiques qui attend tous les amoureux.

À suivre !

Il n'y a pas d'abîmes si sombres,
il n'y a pas de falaises si hautes,
il n'y a pas d'égarements si tortueux
qui ne soient CHEMIN.

Glossaire

Arbre de vie ou arbre séphirotique : schéma destiné à représenter la création de l'univers à l'aide de symboles. Les kabbalistes divisent l'univers en dix régions, ou sephirot (pluriel de sephira) correspondant aux dix premiers nombres : métaphore des principes par lesquels le monde a été créé et continue de subsister. Voir M.A. Ouaknin, *Mystères de la kabbale*, Assouline, O.M. Aïvanhov, *De l'homme à Dieu*, Prosveta.

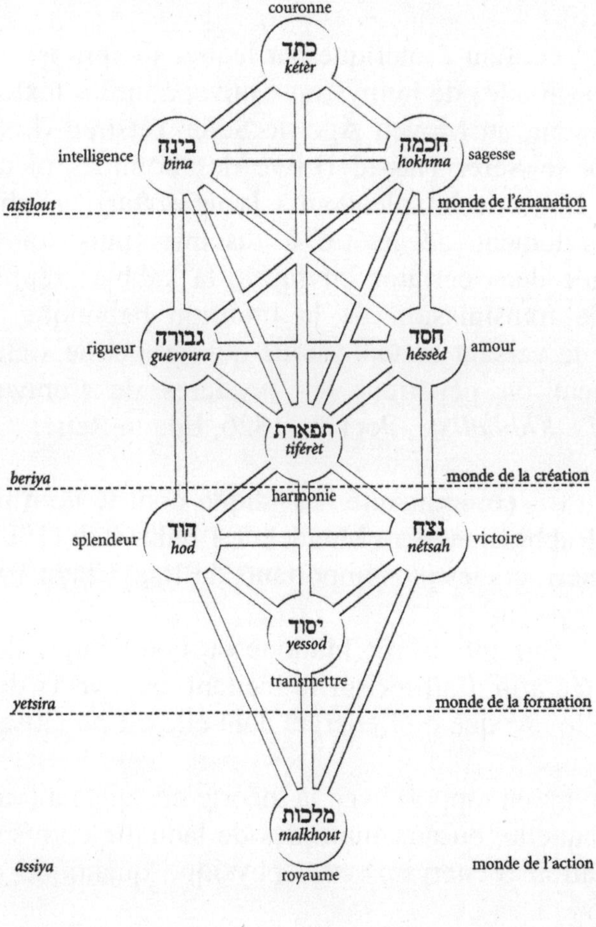

CANALISATION : traduction de l'anglais « channeling ». Transmission des messages d'anges ou d'entités du monde invisible par l'intermédiaire d'une personne en position de « canal » (ou médium).

ḤASSID : littéralement, homme pieux, et par extension disciple d'un maître ou d'une lignée. À la différence du judaïsme talmudique fondé sur l'étude et l'érudition, le ḥassid se rapproche de Dieu avant tout par la ferveur de ses actes et de ses pensées. Le mouvement hassidique naît en Pologne au XVIIIe siècle à l'initiative d'Israël ben Eliézer, dit le Baal Chem Tov (le maître du Bon Nom).

KABBALE : courant ésotérique par lequel s'expriment les vues les plus profondes de la mystique juive, dont les textes fondamentaux sont, au Moyen Âge, le Sefer Yetsirah (Livre de la Création), le Sefer Ḥassid (Livre des hommes pieux) et le Zohar (« Livre de la splendeur » [voir Zohar]). D'abord perpétuée oralement de maître à disciple, puis transcrite et commentée dans certains ouvrages, la kabbale représente la chaîne de transmission de la tradition hébraïque. Elle en constitue le versant métaphysique qui permet de s'élever spirituellement en pénétrant les mystères de l'univers. Voir P. Levy, *Le Kabbaliste*, Pocket 11826, Éd. du Relié.

LOUBAVITCH : communauté hassidique dont le nom renvoie à celui de Rabbi Menahem Mendel de Loubavitch (1902-1994), l'un des héritiers les plus importants du Baal Chem Tov.

MANTRA : formule sacrée hindoue ou bouddhique destinée à être répétée afin d'attirer sur le récitant les faveurs de la divinité qu'elle invoque ou l'énergie dont elle est porteuse.

QUANTIQUE : en rapport avec la théorie des quanta (valeur discrète à laquelle, ou aux multiples de laquelle correspond une manifestation d'énergie). « La physique quantique n'aboutit plus à une description objective du monde extérieur [...], elle ne fournit qu'une relation entre l'état du monde extérieur et les connaissances de chaque observateur, relation qui ne dépend plus seulement du monde extérieur lui-même mais aussi des observations et mesures effectuées par l'observateur », écrit L. de Broglie.

SHABBAT : jour de repos hebdomadaire consacré à Dieu et observé le samedi dans la tradition juive. En référence à Genèse, II, 3 et Exode, XX, 8.

VEDANTA (la fin des Veda) : nom donné en Inde à une philosophie fondée sur l'interprétation des Upanishad (traités des équivalences), les plus anciens textes de l'Inde dont l'exégète le plus moderne fut Vivekananda (1862-1903).

YOM KIPPOUR : jour de jeûne, de purification et de prières qui suit dans le judaïsme la célébration du nouvel an lunaire, Rosh Hashana.

ZOHAR (Sefer ha-Zohar, le « Livre de la splendeur ») : traité ésotérique juif apparu en Espagne vers 1300. Publié par Moïse de León sous le nom de Rabbi Shimone Bar Yoḥaï. Il contient un commentaire des principaux passages du Pentateuque (les cinq premiers livres de la Bible) et des traités particuliers. « Un mélange fascinant de métaphysique, de cosmogonie mythique et de psychologie ésotérique », selon Ouaknin.

Ma reconnaissance

Ma reconnaissance aux auteurs, aux films et aux livres qui enchantent et imprègnent ma pensée, nommés dans le texte ou cités (en italique).

Par ordre d'apparition :

p. 9 : Cité par H. Gougaud, *L'Arbre d'amour et de sagesse*, Gallimard.

p. 17 : *Yentl*, film de Barbra Streisand.

p. 30 : K. Gibran, *Le Prophète*, Alphée.

p. 31 : D. Aubier, *La Face cachée du cerveau*, Dervy.

p. 33 : E. Caddy, *La Petite Voix*, Le Souffle d'or.

p. 35 : Baal Chem Tov, *Chivhé habètcht* (« Éloge du Baal Chem Tov »), A.Weinstock Editor.

p. 48 : Léo Ferré, *Avec le temps*.

p. 51 : F. Dolto, *Au jeu du désir : essais cliniques*, Le Seuil.

p. 53 : M. Serres, *La Légende des anges*, Flammarion.

p. 54 : C. Baudelaire, *L'Invitation au voyage*.

H. Corbin, *L'Imagination créatrice dans le soufisme d'Ibn 'Arabî*, Flammarion.

p. 60 : F. Roustang, *La Fin de la plainte*, Odile Jacob.

D. Sibony, *Le Racisme, une haine identitaire*, Le Seuil.

M. Balmary, *La Divine Origine*, Grasset.

C. Romano, *L'Événement et le Monde,* PUF.

p. 70 : Aristote, « L'amicalité ». *Éthique à Nicomaque*, traduction et postface de Jean Lauxerois, À propos.

Concept recueilli par Monique Parent-Baccan, *Paroles célestes d'amour et de lumière,* JMG éditions.

p. 79 : Y. Amar, *L'Effort et la Grâce*, Albin Michel.

D. Aubier, *Lire sa vie*, MLL éditions.

p. 80 : G. Corneau, *La Guérison du cœur*, Robert Laffont.

p. 82 : *Dialogues avec l'ange*, Aubier.

p. 94 : E. Levinas, *Éthique et Infini*, LGF.

p. 96 : Spinoza, *Éthique*, traduction et commentaire de R. Misrahi, L'Éclat.

p. 98 : G. Deleuze, *Introduction à l'« Éthique » de Spinoza*, PUF.

p. 107 : *Un homme et une femme*, film de Claude Lelouch.

p. 108 : Édith Piaf, *La Vie en rose*.

p. 114 : B. Cyrulnik, *La Résilience*, Fabert.

p. 116 : A. de Souzenelle, *Le Féminin de l'être*, Albin Michel.

p. 129 : F. Rosenzweig, *L'Étoile de la rédemption,* L'Harmattan.

p. 130 : A. Didier-Weill, *Les Trois Temps de la Loi*, Le Seuil.

p. 135 : C. Millot, *Abîmes ordinaires*, Gallimard. (Un remerciement particulier à Fabienne Ankawa, qui m'a signalé, au bon moment, ce livre qui a enrichi ma réflexion.)

p. 136 : Devise de la Dame à la licorne.

C. Millot, *op. cit.*

M.A. Ouaknin, *Mystères de la kabbale*, Assouline.

p. 137 : E. Levinas, *op. cit.*

p. 138 : O.M. Aïvanhov, *Pensées quotidiennes*, Prosveta.

p. 140 : Serge Gainsbourg, *Je t'aime, moi non plus*.

p. 152 : C. Millot, *op. cit.*

p. 153 : C. Millot, *Abîmes ordinaires*, *op. cit.*

p. 155 : *Eyes Wide Shut*, film de Stanley Kubrick.

p. 156 : J. Lacan, cité par C. Millot, *op. cit.*

p. 164 : C. Millot, *op. cit.*

p. 170 : Saint Jean, *Apocalypse*.

p. 172 : C. Millot, *op. cit.*

p. 178 : *Qui a peur de Virginia Woolf ?*, film de Mike Nichols (d'après la pièce de théâtre d'Edward Albee).

La Mégère apprivoisée, film de Franco Zefirelli (d'après la comédie de W. Shakespeare).

Médée, film de Pasolini (d'après les tragédies d'Euripide et de Sénèque).

p. 184 : Brian Greene, *L'Univers élégant*, Robert Laffont.

Saint Paul, *Épîtres*.

p. 186 : A. de Saint-Exupéry, *Le Petit Prince*, Gallimard.

p. 190 : A. de Saint-Exupéry, *op. cit.*

p. 194 : H. Michaux, cité par C. Millot, *Abîmes ordinaires, op. cit.*

p. 196 : R. Sheldrake, *The Presence of the Past : Morphic Resonance and the Habits of Nature,* Paperback.

p. 197 : S. Auffret, *Aspects du Paradis*, Arléa.

p. 199 : C. Chalier, *De l'intranquillité de l'âme*, Payot.

p. 201 : M. Buber, *Récits ḥassidiques,* Le Rocher.

p. 208 : *Nuits blanches à Seattle*, film de Nora Ephron.

Elle et lui, film de Leo McCarey.

p. 210 : A. Steinsaltz, *La Rose aux treize pétales,* Albin Michel.

p. 217 : A. de Souzenelle, *Alliance de feu,* Albin Michel.

p. 218 : *Dialogues avec l'ange*, *op. cit.*

N.B. La citation de la page 131 renvoie à la fin de *Dis-moi si je m'approche*, premier ouvrage de l'auteur. Le titre du second ouvrage, *L'Un n'empêche pas l'autre*, est cité page 31.

Remerciements

Merci

À tous ceux qui rendent mon travail plus léger :

Alain, Claire, Elya, Stéphane, Yves,
Cédric, Céline, Jean-Marie, J.P.,
Antara et Yannique,
Odile, Franz et Chantal.
Les participants à la V2lam Productions et mes élèves
sans oublier mon samouraï et mes amis guérisseurs.

Et, toujours au rendez-vous de mes écrits, à Anne et Virginia, mes merveilleuses érudites, pour leur dévouement et leurs corrections au laser.

Et, last but not least, pour ta présence sans faille, livre après livre, version après version, page après page, qui pousse mon écriture à se dépasser sans cesse, merci Léa.

À ma famille qui me soutient et qui m'aime.

Au clan des six pour le partage d'idées et d'inspirations.

Nicole Lattès pour sa confiance
Brigitte Lannaud pour son soutien chaleureux
Laurent Bonelli, le messager

À Joëlle, Laura, Marie-Pierre, Mikhaële et Nadia pour leurs oreilles attentives.

Imprimé en France par EPAC Technologies
N° d'impression : 4550414301520
Dépôt légal : janvier 2006